開祖　植芝盛平翁（1883～1969）

二代　植芝吉祥丸道主（1921～1999）

三代　植芝守央道主（1951～）

合気道本部道場 多田宏師範（1929〜）

天地

合気道稽古ノート

—合気道入門から気の錬磨に至るまで—

四方投編

目次

はじめに――『合気道稽古ノート 天地』について……10
『多田宏師範合気道教本』（DVDビデオ三巻セット）について
百人百様の合気道／気の錬磨／場を主宰するということ／合気道会入会時の思い出／受け身について／受け身のアドバイス／怪我への注意と指導について

四方投編 『多田宏師範合気道教本』DVD教本②「第一章 四方投」参照……39

一．四方投の基本……40
四方投の稽古方法／武道的な心の使い方／実験的稽古 対峙しない心

二．片手取四方投……50
片手取の手捌き 取りが受け手の手をつかむ方法

三．四方投 手捌き……67
コラム―学生時代の四方投の稽古／片手取逆半身四方投の足捌きについて／
コラム―合気道会の伝統（年次システム）

四．両手取四方投……94
三六〇度的な稽古

五．片手取両手持四方投……97
絶対的観念と相対的観念／コラム―「気の流れ」八割、「鍛錬」二割

六．片手取相半身四方投……102
コラム― 昔の技、「和歌山」の大先生演武映像／武道の抽象化

七．正面打四方投……107
正面打ちの打ち方／「先の先」／待つ稽古／磁力の錬磨の稽古

八．横面打四方投……112
コラム―百本稽古
九．上段突四方投……119
上段突きの受け方／コラム―上段突を切り上げる
十．中段突四方投……126
受け、突く側の基本／相手の突きの線上にいないこと
十一．肩取面打四方投……127
コラム―技の気づき
十二．胸取四方投……131
十三．後技両手取四方投……132
後ろ技について／後ろ技の抜け方
十四．後技両肩取四方投……146
十五．後技両肘取四方投……148
十六．半身半立片手取相半身四方投……149
十七．半身半立両手取四方投……149
コラム―半身半立の稽古／返し技／コラム―一子相伝の武道と大学サークルの稽古方法／四方投の応用
稽古の心がまえ……163
スキの無い稽古／考える稽古と感じる稽古／間違って覚えた動作の自己修正方法／畳について／一人稽古について／腕を鍛える方法／練り棒のこと／一技一万回稽古／朝稽古の習慣
気の錬磨　錘を使った稽古……176
コラム―「通り抜ける」というイタリア語で分かった師範の教え

はじめに ―『合気道稽古ノート 天地』について

現代に活きる武道としての合気道の教えは、体術の要点にとどまらず日常生活の禁戒勧戒に始まり、呼吸法、気の錬磨を含み、集中と傾注の違いから、集中・統一・三昧へと続く心法の道を極める、具体的な稽古体系に基づいています。

合気道の技は多数あり、合気道の稽古は、膨大な教えの積み重ねの上に成り立っています。この教えを活かしてゆくには、大海を航海するにも似て、その道筋を示す羅針盤が必要です。

これから合気道を学ぶ後輩学生を対象として、その羅針盤となるべく、二〇一〇年（平成二十二）六月に早稲田大学合気道会創立五十周年記念ＤＶＤ『多田宏師範合気道教本』が制作されました。この映像教本の中には、数多くの合気道技法が収録されています。

そして本稽古ノートはＤＶＤ教本に則り、願わくば百年後の早稲大学合気道会の後輩に贈る「合気道稽古の参考ノート」として執筆しました。

一九七九年（昭和五十四）四月、早稲田大学合気道会が二十周年を迎えようとしている頃、私は早稲田大学法学部に入学し、直ぐに早稲田大学合気道会（以下、合気道会）に入会しました。合気道会は、植芝盛平大先生（以下、大先生）が創始した合気道の教えを正しく受け継ぐ学生の会です。当時の指導は、財団法人合気会（現在は公益財団法人合気会）、合気道本部道場 多田宏師範（以下、師範）が務めておられました。以来、師範、諸先輩方から様々な教えを受けました。

昭和後期から平成、令和へと移り変わる学生合気道の時代背景も含め、学生時代、社会人時代、国内外での稽古、合気道本部道場、合気道月窓寺道場（禅曹洞宗月窓寺境内）等で、師範、諸先輩方からご指導いただいた様々な教えを、ＤＶＤ教本を底本として準じ、技の順番に従い、なるべく平易な言葉で記述しました。

百年経てば、人々の生活も大きく変わっているでしょう。地球環境も大幅に変動しているかもしれません。昭和から平成でのコンピュータや携帯電話の発達も目を見張るものがありました。しかし日本武道の伝統的な教えは普遍的な教えを含み、世代を超越して人々の指標となるものが多数含まれていると信じます。

初めて合気道を学ぶ学生は、師範のＤＶＤ映像を真っ白な心で見てほしいと思います。そして、はなはだ非力かつ僭越ですが、このノートが合気道を学ぶ後輩の一助になればと願っております。

本稽古ノートは、まず合気道技のうち最も基本となる四方投（ＤＶＤ教本②「第一章四方投」）の稽古方法から記載します。

なお、「天地」は合気道会の学生がサークル内で発行していた機関誌のタイトルです。

令和四年九月吉日

梶浦 真

早大合氣道会

『多田宏師範合気道教本』（ＤＶＤビデオ三巻セット）について

『多田宏師範合気道教本』は、早稲田大学合気道会創立五十周年記念として、平成二十二年六月に早稲田大学合気道会の卒業生によるＯＢＯＧ校友会の団体である、稲門合気倶楽部が制作しました。

本教本では、多田宏師範が合気道を学ぶ後輩に向けて様々な合気道技法の、動画による紹介と解説を行なっています。収録内容は、教本①、教本②、教本③の三巻で構成され、ＤＶＤビデオディスク三枚を一つのケースに同梱し、稲門合気倶楽部ならびに早大合気道会の多くの学生に配布されました。

ＤＶＤビデオの撮影・編集は株式会社ビデオフォトサイトウが行い、株式会社ＢＡＢジャパンから一般書店を通じて販売されています。名称は『ＤＶＤ多田宏師範 合気道全集 第一巻 抑技編（計７５指導）、第二巻 投技編（計９４指導）、第三巻 武器技編（計２３指導）』として三巻それぞれが別パッケージに分かれて一般書店等で販売されています。

●ＤＶＤビデオ内容

教本①：呼吸法、稽古風景、片手取両手持呼吸、一教、二教、三教、四教、五教、坐技

教本②：四方投、入身投、小手返、天地投、呼吸投、回転投、十字絡投、腕絡投、後切落、
　多人数掛、足捌き、片手取気の流れ・一教気の流れ

教本③：木剣、杖、短刀取、太刀取、杖取、杖投、練り棒、坐技呼吸法、輪になって呼吸

百人百様の合気道

（「第一回中学高校指導者講習会　本部道場　多田宏師範講話」より要約。二〇一〇年（平成二十二）頃）

野原一面に咲き誇る花を見ても、決して同じ花はありません。百人の音楽家が同じ楽譜を奏でても、決して同じ音楽にはならないように、合気道家一人一人の技は全て違います。修行した環境、経験、性格や手足の長さなど個人個人で動きはまるで違います。みんな身の丈に合わせて稽古しており、合気道家が百人いれば百通りの合気道が生まれるものです。

伝統を継承する、合気道をはじめ古流剣術などの日本武道の正しい修行の方法は、一子相伝といって、弟子はただ一人の師匠について、師匠の技を朝から晩まで全て学ぶことにあります。自分の師匠の教えに沿って修行することが、合気道が最も早く上達する一番の道筋です。

弟子は師匠の技の真似に始まり、師匠がくしゃみをすると弟子は風邪を引くぐらいに入れ込んで修行しないと、技をマスターすることはできません。

百人いれば百通りの合気道があると申し上げました。その中にも合気道の動きを貫く、技の原理原則はあります。芸術すなわち武術という大海原を渡るには、自分の進路が正しい方向に進んでいるかを確かめることのできる羅針盤が必要です。

気の錬磨

月窓寺道場の稽古で、気の錬磨について師範が杖を水平に持って説明されました。

師範「合気道の練習について、体だけを動かす稽古を一日何時間やっていてもそれだけではなかなか上達できません。杖の下側の領域が体だけの稽古の領域です。体だけの練習では一定のところまではいきますが、限界が出てきます。これを練習平原の限界と呼びます。

合気道の技を本当に身につけるためには、杖の上側の領域の稽古が必要です。すなわち、見えない心の領域や、精神、呼吸法を通じた瞑想の稽古を行って、この限界を突き破る。それが気の錬磨です。」

筋力トレーニングや体の鍛練には限界がありますが、気の錬磨の練習には限界がありません。

気の錬磨には数多くの具体的な稽古方法があります。本編では入門編として錘《おもり》を使った方法を後ほど紹介します。

気の錬磨について、杖の下側の領域が体だけの稽古の領域です。杖の上側の領域が気の錬磨です。体の稽古だけでは限界があり、どこまで行っても続く練習平原の限界に囚われる。そこから抜け出すには気の錬磨の稽古が必要です。すなわち、見えない心の領域、精神、呼吸法を通じた瞑想の稽古を行ってこの限界を突き抜ける。それが気の錬磨です。

場を主宰するということ

すべての技の基本として、場を主宰する稽古を行います。一種の気の錬磨の稽古です。相手と離れ、距離をもって立ちます。自分の頭の上に垂直に心棒が立っているイメージを描き、その心棒を中心とし自分の周りに円錐形の領域があるとイメージします。それを昔は結界と呼びました。自分専用の道場であり、大学であれば研究室となります。

その研究室にお客様である相手がやってくる。いったん自分の領域に入った者は、活殺自在です。そして、自分から気力を持って相手に迫り、自分から積極的に手を出して相手を招き入れ、手を持たせる。これを「場を主宰する」といいます。自分が主宰者です。

悪い例は言わない方がいいのですが、相手に手を「持たれたら」と臨場的に稽古をするのではなく、自分から相手に手を「持たせて」練り上げてゆく稽古を心掛けます。

ある日、月窓寺道場での稽古のときに、師範が杖を出されて頭の真上に掲げ、自分の中心軸を示し、それから杖を斜めにもって自分の周囲をぐるりと三六〇度回転してみせて、「ここに円錐形の自分専用の道場がある。」という説明をされました。これは四方投にとどまらず、全ての技に共通する原理です。

大先生は「昔の武芸者は皆こうした」と、機嫌がとても良かった日に、九字を切って自分の周囲に結界をつくる方法を教えてくださったそうです。

自分専用の道場をつくる。
師範「昔は結界と呼んだ。」現代の言葉でいえば、自分専用の道場をつくる方法の説明です。頭の上に心棒があります。

杖を斜めに下ろして自分の領域の半径を決めます。

頭の上の心棒を中心に 360 度、円錐形の円を描くように、自分の周囲に丸い自分専用の道場をつくります。
師範「大学であれば、自分専用の研究室と思えばいい。その中の領域は自分が場を主宰している。」

ぐるりと円錐形の結界をつくってゆきます。
師範「昔の武芸者は、この結界の中ではいかなる相手も活殺自在であると断定して稽古を行いました。」修行場にしめ縄を張ると説明されたこともあります。
大先生は「臨《りん》・兵《びょう》・闘《とう》・者《しゃ》・皆《かい》・陣《じん》・列《れつ》・在《ざい》・前《ぜん》」と九字の印を切って結界をつくる方法を見せてくれたそうです。

切れ目のない円の領域をつくります。
自分専用の道場をつくる方法は、四方投のみならず、全ての技の基本です。大学であれば自分が主宰する結界の中は自分専用の研究室と同じです。どこにどんな本や資料があるか全てわかっている。そういった空間をつくり出します。

自分専用の円錐形の領域ができたら、次は自分からサッと手を出す稽古をします。相手が自分の手を取りに来るのを待つのではありません。積極的に、自分から相手に手を出します。

合気道会に入会する新入生の中には毎年何人かの合気道経験者がいます。すでに合気道の基本を習得していることはとてもいいことです。その反面、今までの自分のやり方がある分、何気ない動作のポイントを見過ごしてしまうことが考えられます。もし仮に、相手が手を取りに来るのを待つ習慣がついていると、自分から手を出すという何気ない（しかしとても重要な）動作に気づけないことがあります。ある種、自分の殻をやぶる工夫が必要です。クルクルと回転して円錐形の自分専用の道場をつくる。自分からサッと手を出す。この練習を百回ほど実際にやってみることをお勧めします。

自分からサッと手を出す。これだけの簡単なことのように思われるかもしれませんが、自分の内面の感覚を鋭くしてゆくと、大きな変化があることに気づきます。

相手との間合いの取り方がより広く変わってくることや、相手の手の圧力が変化することなど感じることが多くあり、実際に自分自身の技がやりやすくなります。自分が場を主宰するとはこのことか、と実感するようになります。

自分から手を出す。
円錐形の領域の中で、次に刀を抜きつけるように自分から手を出します。自分から積極的に手を出す。この動作で技のタイミングから動きが劇的に変化します。このような小さな動作から「武道は相手と対等になって競ってはいけない」という教えの意味が体感できるようになります。100回ぐらい抜きつけの動作を素振り稽古してみてください。

頭の中で観念的に理解するだけではなく、実際に練習してみましょう。
片手取入身の動作を例にします。
1. 自分の周囲に円錐形の道場をつくります。結界ともいいます。
2. 自分と相手を結ぶ線上（仮にA線としましょう。あくまでも便宜上の用語です）で自分から積極的に手を出して導き、相手を招き入れます。取りは自分から気力をもって迫り、刀を抜きつけるように受けに手を出し導きます。

昔の武芸者風にいうと、自分の領域内に入ってきた者は活殺自在です。
3. A線上で、受けは取りに導かれて前進します。受けは取りが手を差し出す瞬間に間髪入れずつかみにゆきます。ぼやぼやしていては稽古になりません。微妙なタイミングが必要です。相撲の立ち会いに似て、師範が手を差し出しては受けの機をみて、手をサッとひっこめることがよくあるのがまた不思議です。

4. 受けが来た瞬間には、すでに取りは入り身で相手の後ろ（仮にB線としましょう。B線も便宜上の用語です）に立ち、受けを切っている位置にいます。A線からB線に移動するわけです。師範のこの入り身に移動する瞬間の動作を何度も目を皿のようにして見ていますが、どんなに目をこらしてもまるで魔法のように、いつ入り身で動いたか分からないので不思議です。

合気道会入会時の思い出

一九七九年（昭和五十四）四月、早稲田大学法学部に入学とともに、私は早稲田大学合気道会に入会すべく合気道会の新人募集の出店を訪れました。そして入会希望者の集合場所である商学部ラウンジ（十二号館、現在は改築されている）に案内されました。手には新人勧誘のためにキャンパスで配られた新人勧誘のビラを持っていました。ちなみに当時早稲田大学に合気道のサークルは二、三団体ほどあり、京都行きの電車に乗ろうと思って乗った電車が青森行きだったというぐらい、一生の分かれ道となります。

私の場合、高校のとき合気道本部道場の日曜稽古に通っていました。そして合気会本部道場で発行している『合気道新聞』に掲載された後藤喜一先輩（第十七代）の記事と、ファミリーで写ったにこやかな師範の写真で、師範と合気道会のことを知っており、迷わず辿りつくことができました。

新入生募集のためラウンジには当時三年生だった長谷裕先輩や佐藤純一先輩、織田毅先輩（第二十一代）をはじめ、その後一生の付き合いとなる先輩方が多数集合していました。正直に言って、先輩方の迫力に圧倒され、大いに緊張しました。

後で聞いた話ですが、多くの新入学生が行き交うキャンパスのストリートでの出店には、優しそうな先輩方が並んで勧誘し、商学部内のラウンジまで来て詳細な説明を聞く新入生は、怖い顔をした先輩方から強く入会を勧められるというシステムだったそうです。

同期の新入生が多数入会し、白帯を締めて稽古が始まりました。のべ二十人ぐらいはいたでしょうか。早稲田大学柔道場（旧体育館）に整列して、基本の動きから受け身の練習を行います。道場内は、凛とした武道の空気が張り詰め、正面に礼をしている黒帯の先輩は正座しているだけで山のように大きく見え、雰囲気に圧倒されました。そしてこの人がきっと師範に違いないと思いました。後で聞くと四年生主将の北崎二郎先輩（第二十代）でした。稽古では何でもかんでも、はじめから終わりまで途切れなく大きな声を出して練習しました。基本として受け身から練習が始まりました。

受け身について

受け身は非常に大切です。技を学ぶ前に、前受け身、後ろ受け身の稽古をします。前受け身では畳に手をついて顔面を畳にぶつけないように注意します。後ろ受け身では絶対に後頭部を打たないように首を曲げて頭部を守ります。

後ろ受け身の練習の際、後ろに転がるときには、左、もしくは右に体を傾けて、目を開いたまま、首をぐっと曲げて帯の結び目を見ます。前に体を起こすときは、目で前方の畳を見て、額を前方に突き出すように起き上がります。後ろ受け身の稽古は準備体操の中で行います。後ろに転がり前に起きる小さな動きでも、「乗る」ように稽古します。

大学を卒業して何十年か経ったあるとき師範が、四方投で投げる際、投げる側が相手が頭を打ちそうになったら手のひらで相手の頭をすくうように、と教えられました。

師範が植芝道場（旧本部道場）に入門、初めて大先生から四方投で投げられたとき、大先生が手のひらでさっと頭をすくったという話でした。それから暫くの間、道場で四方投をする際は、相手の頭をすくう動作を熱中して稽古しました。自分の足もと、すぐ近くに相手を落とさないと、物理的に自分の手のひらで相手の後頭部をすくうことはできません。

この大先生の教えを教えて頂いたとき、ひどく驚いたことを覚えています。合気道会入会時のことが記憶に蘇りました。

合気道会入会直後、道場で基本的な説明があり、受け身では「絶対に頭を打たないように！」と教わりました。受け身の手順をゆっくりと教わっていきます。そして数日、稽古が進み、いよいよ四年生の先輩方と二人で組んで実際に技の稽古です。四方投で先輩に投げられると、ものすごい衝撃で畳に頭をぶつけました。頭に星がクルクル舞うどころではなく、目から火花が出たような衝撃でした。スプリングが効いた旧早稲田大学柔道場の畳の上でした。びっくりしてそれでも急いでパッと立ち上がると、先輩が一言、「受け身で頭を打たないように！」と注意されました。大学の武道の厳しさを肌で感じた瞬間でした。昭和の時代、このように大学生同士の武道の教え方は少々素朴でした。

首の筋肉の強化も必要です。合宿が迫ると、合宿前のトレーニングとして、文学部記念

四方投で、受けをとる相手の頭部を保護する。
いつでも相手の頭をサッとすくえる位置に投げる。

会堂前の広場で、地面に体を横たえ、首だけを上げる首上げ運動で首の筋肉を鍛えました。一週間の合宿で行われる、通常よりも厳しい稽古に対する備えのためです。

首を鍛えても、百回単位で連続した受け身を取ると、体がくたくたとなって、首の筋肉が言うことを聞かなくなることもあります。そのようなときは四方投で受け身を取る際、折りたたまれた自分の腕の前腕部に自分の耳をさっとつけて、後頭部を打たないように防御します。自分の耳を自分の腕にピタッとつければ、かなり激しい四方投にも頭を打たずに受け身を取ることができます。

（文学部記念会堂前の広場は、二〇一八年に早稲田アリーナが竣工し、当時の広場の面影はわずかしか残っていません。）

受け身のアドバイス

厳しい稽古の中で先輩から受け身のアドバイスをいただきました。

入会して稽古でバンバン投げられる。ついつい受け身のとき、自分の体が固くなっていました。四方投で後ろ受け身する際に、受けの体が固いと相手も投げにくい。そうすると先輩方は余計に厳しく投げてきます。恐怖の悪循環です。自分でも毎回の受け身がしんどく感じていました。

ある日、そんな私を見かねて川原田篤平先輩（第二十代）が本部道場での稽古終了直後に受け身のアドバイスをしてくれました。

「おまえは固すぎる。もっと投げに逆らわず、相手に合わせて柔らかく受け身をするんだ。」

　その頃、白帯の私は稽古についていくのがやっとで、ただ夢中で稽古をしていました。先輩の言うことは絶対です。ともかく「はい。」と答えましたが、心の内では、柔らかく受けたら、もっとこっぴどく吹っ飛んでしまうのに違いない、と思っていたのでしょう。私の顔にそう書いてあったのか、そんな疑問に満ちた私の内心を見透かしたように、先輩はさらに丁寧に、柔らかく受けるには引き足が大事だという助言をくれました。

　つまり相手が四方投で投げるときは、受けは受け身で相手に近い方の足を引くわけですが、この引き足を多めにとって自分でショックを和らげるように柔らかく受け身を取る。先輩曰く、「相手の投げが普通であれば、普通に足を引く。相手が強く投げる時は大きめに足を引いて、引き足の量を毎回調整するんだ。」

　そこまで細かく説明されると、さすがに飲み込みの悪い私でも、それなら自分でもできそうだと納得しました。引き足の幅の調整をちょっと試してみると効果抜群です。受け身のぎこちなさや、固さが一日で治るわけではありませんが、幾分恐怖心も薄れ、柔らかく受け身を取るという意味もなんとなく分かってきました。柔らかく受け身を取ると相手の投げも鋭角でなく、なんとなく丸く投げてもらえることも分かりました。これで目の前が明るくなり、大げさと思われるかもしれませんが、地獄からお釈迦様が解放してくださったと思いました。川原田先輩は卒業後、高校の先生になられました。

四方投で受けが崩れてから最後に高速で投げるという、恐ろしい投げ方をする先輩もいました。四方投で投げられる。手首が極まり肩口に折りたたまれ、投げが極まると受け身の途中ではさすがに参ったの体勢になるのですが、受け身を取る体勢の最後の瞬間に急加速して投げる先輩がいるのです。

背中にもの凄い衝撃を受けるのはもちろん、後頭部を打たないよう耳を肘につけて防護姿勢をとり歯を食いしばります。この方法も先輩方が教えてくださいました。首が疲れてくると首の筋肉が利かなくなる危険がありますので、筋トレでは首上げの練習を多くしました。

先輩方はしっかり肩口に折りたたんで正確に投げてくれるのですが、あまりにも強烈な投げのため、肘が壊れそうになることもありました。前腕部と上腕部が肘のところでピタッとくっついてしまったのではないかという衝撃を感じる投げもありました。それでも、うまく投げられると受け身の怖さもあるのですが、爽快感があります。ちなみに、投げ終わった後で受けが不快になる投げ方にはきっとどこかに問題があります。

一九七九年（昭和五十四）の当時は、まず後ろ受け身から始まり、次に前回り受け身を稽古しました。両手を丸くして、「丸い鉄の輪だ」とイメージします。「この丸い鉄の輪は絶対壊れない」と言って先輩方は「この前回り受け身を覚えたらコンクリートの上でも受け身が取れる」と説明していました。

前回り受け身の稽古法として、握手受け身という練習をしました。補助の人の手を握りながら、前回り受け身で投げられて受け身を取る場面の練習をします。何回も行いました。

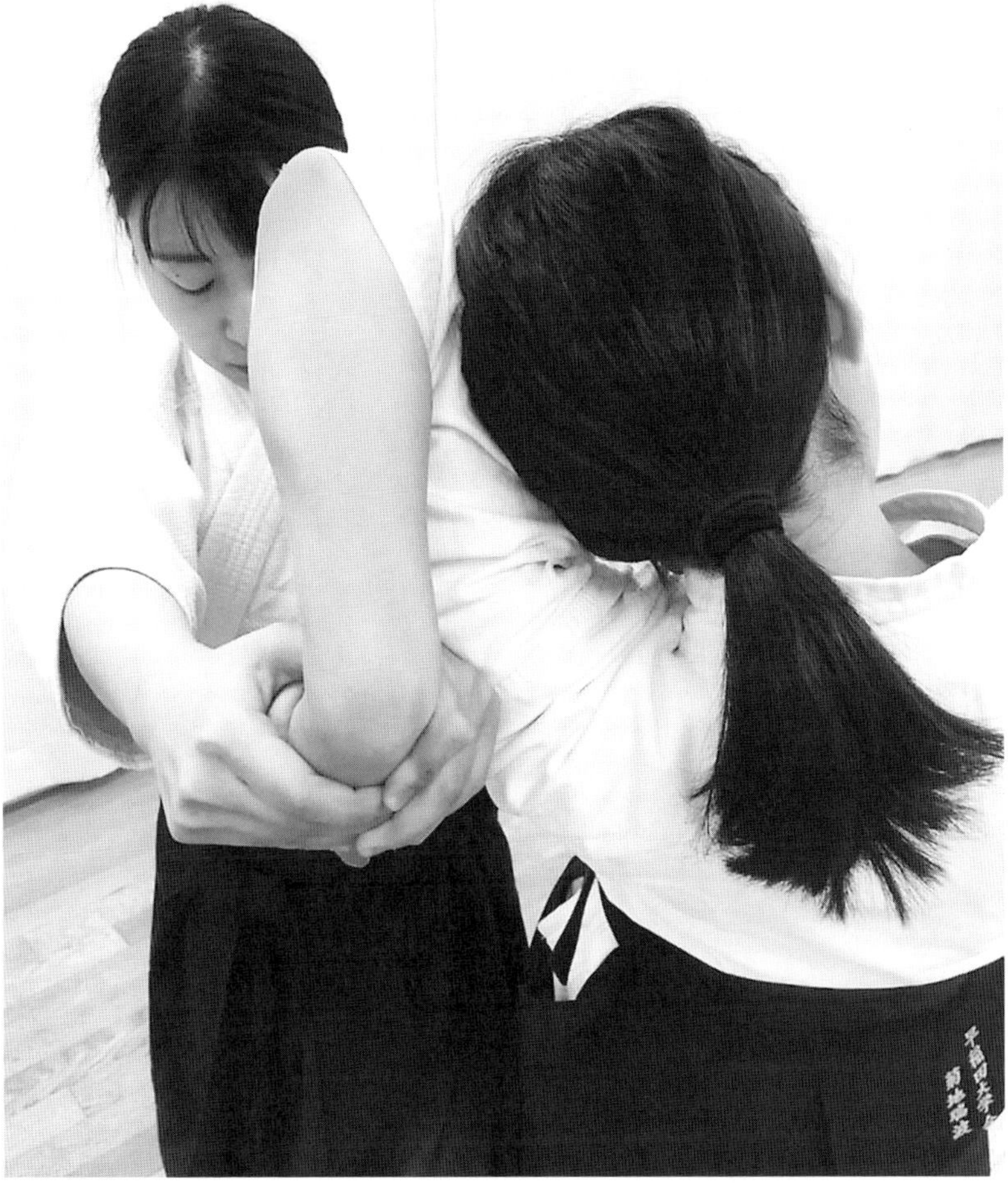

四方投の受け身
四方投の受け身の際、自分の左耳を自分の左手の肘にピタッとつける。こうすることで厳しく投げられた場合でも自分の後頭部を守ることができる。

一教などの前受け身で畳に手をついて受け身をするというのは、当たり前のこととして、これといった練習はしませんでした。畳に手をついて顔面が畳にぶつからないように稽古する。こういった前受け受け身の練習をするのは、たぶん平成になったかなり後で基本の初心者用練習メニューに取り入れられました。

入学してから、大学一年生の春に集中して受け身の練習をすると一生涯上手に受け身ができます。初心者の内に受け身の稽古時間を多めにとり、しっかり身につけてください。

怪我への注意と指導について

指導者側の安全への配慮も必要です。もし受けが頭を強打した場合、頭蓋骨内に出血の恐れがあります。即座にその人の練習を中止させて、安静にして道場の隅に寝かせます。見た目では外傷とは分からなくても怖い症状です。頭の中で細かな毛細血管がちぎれ、頭蓋骨の内側でたとえわずかでも出血が続いたら大変です。外部からは視認できません。安静にしてよく様子を見守ります。

あらかじめ医務担当を決め、当人が少しでも気分が悪いということであれば、念のため大事を取ってすぐに救急車を手配してください。また、救急車は呼んでもすぐ来るとは限りません。これは要注意な点です。救急要請が重なれば救急車の到着まで三十分、四十分余計に時間が掛かることもあります。

他の大学に合同稽古に行く際、四方投崩しで無理矢理ひねって投げる人がいないとも限りません。道場によっては、四方投崩しを、小手返しの変形技として行ない、受けは前方飛び受け身で受ける練習をしているところもあるようです。そのような場合に遭遇したら、自分の手首や肘、肩を痛めないよう用心して、ひらりと受け身を取ってかわしてください。

日頃から近隣病院の所在確認、救急車の搬送ルートの確認が必要です。打撲の他、熱中症や脱水症状など最悪の場合、判断を誤れば失神から死に繋がるケースもあります。体育館などの施設状況や、空調設備、畳の具合、参加者の体調管理、救急セットの準備、AED設置場所の確認、参加者の緊急連絡先の確認、スポーツ保険の契約など、また地震、津波、大雨、地滑りへの備えなど、指導の立場にある人は安全面への多角的な配慮を怠らないようにしてください。

千葉の外房での春合宿で、津波警報が鳴り響く中、のんびりコーヒーを飲んでいた記憶があります。そのときは旅館のマスターが「大丈夫、大丈夫」と笑っていました。東日本大震災の津波被害を考えればとんでもない話ですが、用心に越したことはありません。

外国で指導を行う際は、安全面には特に注意が必要です。これは師範のコメントですが、たとえ稽古中に本人のミスで怪我をした相手でも、指導者に訴訟を起こすリスクがあります。外国で訴えられると、訴訟問題が解決するまでその国から出国できなくなる恐れがあります。腕試しにやってくる元気な相手でも怪我をさせないよう対応する必要があります。

また、風習、習慣に対する情報にも注意が必要です。師範の話では、昔ヨーロッパで、合掌のポーズが禁止されていた国がありました。その国で、うっかり合掌するとすぐに逮捕されてしまうのです。

合気会の中で、まさかと思う実例があります。稽古の最後に行う終末運動で、相手を背中に乗せて、背を伸ばす運動があります。背中が伸びて、大変気持ちのいい運動です。この背伸運動で、背中からずり落ちた有段者が怪我してしまい、訴えを起こしたという事例があります。今後、ますます安全性への配慮が重要になるでしょう。頭の上に相手を担ぎ上げて畳に投げ落とす岩石投《がんせきなげ》や腰投《こしなげ》など、合気道には豪快な技がありますが、受けが怪我をする危険度が高い技は、一般の道場生向けの教伝から外れる傾向にあります。

四方投編

『多田宏師範合気道教本』DVD教本②
「第一章 四方投」参照

一・四方投の基本

師範（ＤＶＤ教本より）

「四方投の基本。丸い輪をつくる。その丸い輪を柔らかく(相手の手首に)引っ掛ける。(受けは）力を入れて、しっかり力入れて（受けが力いっぱい構える)。相手が大きくて力を入れていても同じ、原理は同じ。これは非常に強い（相手を押す)。ここは指一本で動く（横から動かす)。相手がどんなに力を入れても、あるいはこの皮膚から一ミリ離れたところ、パッとこうやって（切るように動かす)。

ところが、自分が動かそうと思って力を入れると、自分の力で動かなくなる。相手の力とぶつかってしまって。だから相手の力と自分の力が対立しないようにする。それで、そういう風に体が、力が対立しないようにするには、自分の心の中に相手と対立するものがあると自然と対立してしまうから、自分の心の中に、相手と対立するものをつくらない。それが、日本の武道の一番重要な点です。

相手が目の前に、敵はいるけれども、敵といってもいいし、相手といってもいいし、いろいろな条件といってもいい、病でもいいし、仕事でもいい。それらはあるけれども自分の心は透明で無心だっていうのが重要なんだよ。無心っていうと難しくなるから、透明な気持ち。対立していない。そうするとね、体がそういう風に動いていく。

それで、ここの所、こういうような輪をつくって。だから、スーッとこの線を描くんだ自分で。そうするとスーッと（四方投表）。カミソリでスーッと。

がっちり持って。これはね、相手が力を入れているほどいい。全然力入れてなくて、フラフラっと（持っている）。そんなのは用心しないといけない。柔らかくてフラフラって。だったらがっちり力を入れてる方がこちらとしては扱いやすい。柔らかくてフニャフニャフニャと鰻みたいだと大変だよ。つかむだけでも大変だよ。スーッと（四方投表）。カミソリでスーッと切っていく感じ（四方投裏）。一番の原点。」
※ＤＶＤ教本の説明で（　）内コメントは筆者が追記しました。

四方投の稽古方法

四方投の手首の取り方を練習します。四方投、自分の両手で相手の「手首」を上手につかみます。これから説明する稽古方法は練習用ですので、受けを取る相手に協力してもらいます。

受けは右手の手のひらを上にして体の前で中段に出して、拳を握ります。前腕部の脈部が上にくるように構えます。

取りは、両手の親指と人差し指を合わせて丸い輪をつくり、相手の手首をさっと取り四方投に入る練習を行います。前腕部の一番先の手首の付け根の部分に指の輪っかを掛けます。正確には、自分の右手の親指が相手の右手の脈部に掛かり、その他四本の指は相手の手首の甲側に掛かり、自分の手のひらが相手の手首にピタッとつきます。

そのままスッとなで斬るように四方投に入っていき、自分が回転したら自分の両手が相手の手首を正しくとらえ、相手の手首が曲がる方向に曲がり、相手の肘、相手の肩が折りたたまれた状態になります。

そして、そのまま真下に投げます。投げ終わったとき、取りの手のひらが下を向いていることが重要です。

相手の手首をつかむ、自分の親指の位置、残りの四本指が甲側に掛かる位置は非常に重要な点です。最初につかむ場所に注意してください。最初につかむ場所を間違えると四方投の最後まで不十分な技となります。

ＤＶＤ教本「四方投の基本」の説明で、受けの相手の手首が、手首、肘、肩と順に曲がる方向に十分に曲がっているシーンを確認してみてください。

受けが頭を畳に打ちそうなときは、いつでも取りが反対の手で受けの頭をさっと支えられるように自分の足元に近いところに投げます。

このように手首をうまくつかめば、相手がポパイのようにどんなに腕の太い人でも四方投が極まります。相手の前腕部の太い部分をつかむのでありません。腕伝いに螺旋形に相手を崩します。

しっかり建っている家でも螺旋形に力が加わるといっぺんで崩れると師範は説明します。四方投にもこの原理が応用されています。

ある日、師範が「幹の太い大木を揺するにはどうしたらいいか」という話をしてくださいました。「いきなり幹を揺すってもびくともしない。細い枝の先をつかんで揺らしていくと、終いには太い幹を揺さぶることができる」という話でした。

四方投とは、腕、手首部分のなるべく先端部分に技を掛けて、相手の体幹を螺旋形に崩してゆく技なのです。

ちなみにポパイはアメリカのTV漫画のキャラクターで、ほうれん草を食べると太い腕がさらに太くなりとても強くなるのです。

武道的な心の使い方

師範 「日本人はとかく『心の使い方』という単語を聞いただけで、道徳的な善行を行うという考えのことかと思ってしまう人が多いのですが、聖人君子の道を説いているのでは全くありません。ここでいう心の使い方というのは、武道的な『道具としての心』の使い方をさしています。相手と対峙しない心の使い方を稽古します。」

実験的稽古　対峙しない心

相手の力と自分の力が対立しないようにする。相手がどんなに大きくて力を入れていても原理は同じです。相手が力めば力むほどよい。横からであれば、指一本でカミソリで切るように「スッ」と押すと動く。ところが、自分が動かそうと思って、「ガチッ」と力を入れると、自分の力で自分が動けなくなります。

一　相手の手を正面から押す。相手はびくとも動かない。

二　次に相手の手を横からスッと押す。相手は崩れる。

この実験を行う際、自分の心の状態に注意します。力が対立しないようにするには、自分の心の中に相手と対立するものがあると自然と対立してしまうから、自分の心の中に相手と対立するものをつくらない。目の前に敵がいる。敵という言葉でなく、稽古相手といってもいい。

師範「『対象はあるけれども、自分の心は透明だ』とイメージして練習する。無心っていうと難しいから透明な気持ちでもいい。対立していない。線を描く。線観ともいう。心線ともいう。スーッと線を描くように自分の体が動いていく。それが原点です。」

指で輪をつくり、スッと入るところをさらに詳しく説明します。

相手に脈部を上にして拳を握り手を中段に出してもらい、そこに四方投を掛けてゆく。

相手には絶対に拳を動かされまい、と踏ん張ってもらいます。

自分が四方投を掛ける、その際に、スッとカミソリで切るように入ってゆきます。自分の体勢を低くして、相手の腕の脈部に自分の額をつけるように四方投に入ります。

決して自分の腕に力を入れて、手を固めてヨイショと相手の腕の力に相対的な対抗心を持ってしまってはいけません。それでは自分で自分を動けなくしてしまいます。


四方投はなるべく体幹から遠い手の先に掛けてゆきますが、拳を持って構える相手の後ろの方に押しても相手は押されまいとして、びくともしません。先述の実験のように、拳の先を横から指一本でスッとカミソリで切るように押すと相手は何の抵抗もなく崩れてゆきます。相手の指先の皮の一ミリ先をなでるようにという教えがＤＶＤ教本にもあります。

このときの心の持ちようが大切です。相手の手をがっちり持って何とか相手を崩してやろうと自分が自分自身の心に想うと、その念が生じるのと同時に相手は潜在意識で、やられまいという防御本能が働き、お互いにガクガクとした動きになってしまいます。相手の心が自動的にそれをさせまいと敵愾心《てきがいしん》をいだいてしまう。そして、自分が自分で動けない自縄自縛の状態をつくってしまうのです。

心で対峙しまいと考えていても、動作が物理的に理に適っていなければ、体の細胞一つ一つが心を持っており対峙してしまう。物理的にも相手とぶつからない体勢で技を行うこ

四方投の練習方法
取りは両手で丸い輪をつくります。
受けは手のひらを上にして拳を軽く握ります。

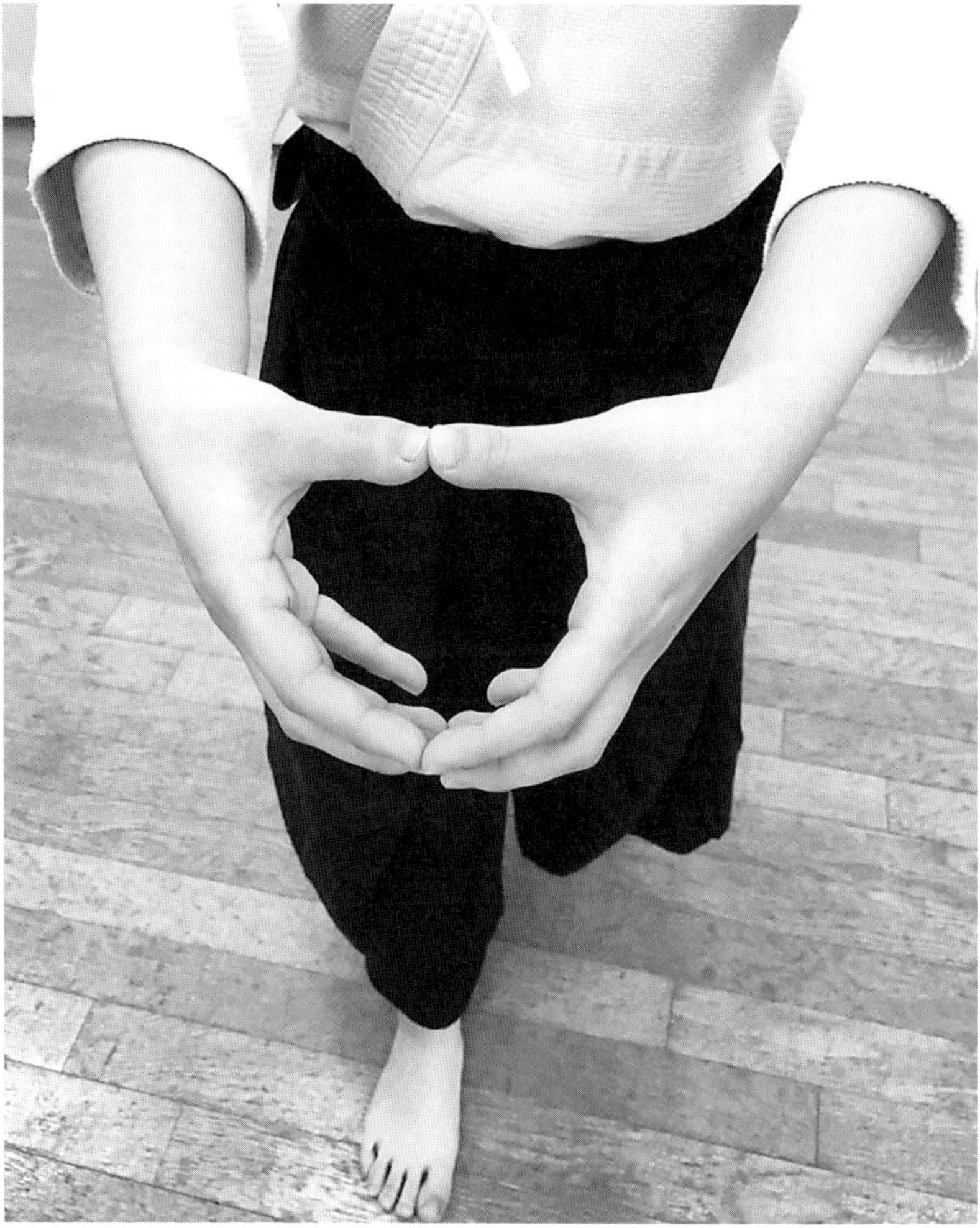

両手で丸い輪をつくる。

取りは丸い輪を受けの手首に柔らかく引っかける。なるべく肩から遠いところを持ちます。

とが基本です。

相手と対立しないよう心を透明にして、相手と対峙しない稽古を行う。相手と競いあうような相対的な稽古をしないように心の働きに注意してください。つまり、目に見える動き、物理的に理に適った動きと、見えない動き、心の働きを一致させるように練習します。

「上等な稽古なんだよ。」と、ある日師範がおっしゃいました。

二、片手取四方投

師範「ここに剣線がある。自分の剣線はここだ。すでに武術だったら切っている。ここでグーッと（四方投表）。もちろん、物理的には、こういう風に相手が浮くように決まっている。

たとえば、技は違うけど、（四方投表に）こう行こうとしたら相手がガーッと腰を下げてくる。そしたらガーンって上からやるに決まってる（四方投から呼吸投へ変化）。まあ、今はそういうことは外して。親指が相手の脈に当たる。四本指が相手の手の甲。そうすると相手がこんな太い腕でもですね、手首の太さって決まってるんです。ピタッと入る。それで、曲がる方向に自然に回る形です（四方投表）。

それから、こういって（四方投裏）、相手と一緒に回ることがある（四方投表）。それは、この回すっていうと相手の体がガーッと回って足が上がる（転換）。パッて。一緒に動く。足が当たらないように、剣でいうと九〇度転換する。

そうしたら、この片手を、両手を柔らかい皮の鞭のようにして、パッとこうやって巻き付ける（四方投表）。自分の手を柔らかい鞭のようにして。この刀を柔らかく振るのと同じ。だけど、自分の手のひらと指が刀の柄にピターッと吸いついている。柔らかく。固く持ってると、すっぽ抜ける。そこは気をつける。これをパッてやる（四方投表）。」

片手取とは、片手取の技で手を持たせるときには、体捌《たいさば》きをして相手の線に対し外側四五度の位置を取り相手の手の先、つまり攻撃してくる相手の剣線の先に自分がいないようにします。相手は、剣を持っている。あるいは昭和の戦争の時代であれば、相手は拳銃を持っている。筒先から弾がいつ飛び出してくるか分からない。片手取の技は相手の真ん前、真正面に立って技を掛けるのではありません。相手に持たせた時はすでに相手の側面に移動しており、そこから技に入ってゆきます。

片手取の手捌き　取りが受けの手をつかむ方法

受けは機を見て、取りの手を取るのですが、手の取り方についても刀を握るように取ります。取りがサッと腰から刀を抜きつけるように手を出してくる。導きです。これを、受けが刀で切るように上から手刀で触れて、小指から薬指と順に刀の柄を握るように指を締める。合気道の動きは剣の技と同じ理合いですので、小指の握りが大切です。

取りは右半身で、自分から右腕を相手に出して、相手に右手を取らせる。受けは左半身、左手で取りの右腕をつかみます。取りは右腕をやや内（親指の方向）に回しながら、相手の脈部が上に出てくるようにします。そして、左手の手首を少し内側に丸く曲げて、右手で左手の手のひらの中に相手の手がスッと入っていくように誘導し、左手親指は相手の左手の脈部を取り、左手の残り四本の指は相手の甲側に回るようにピタッと取ります。

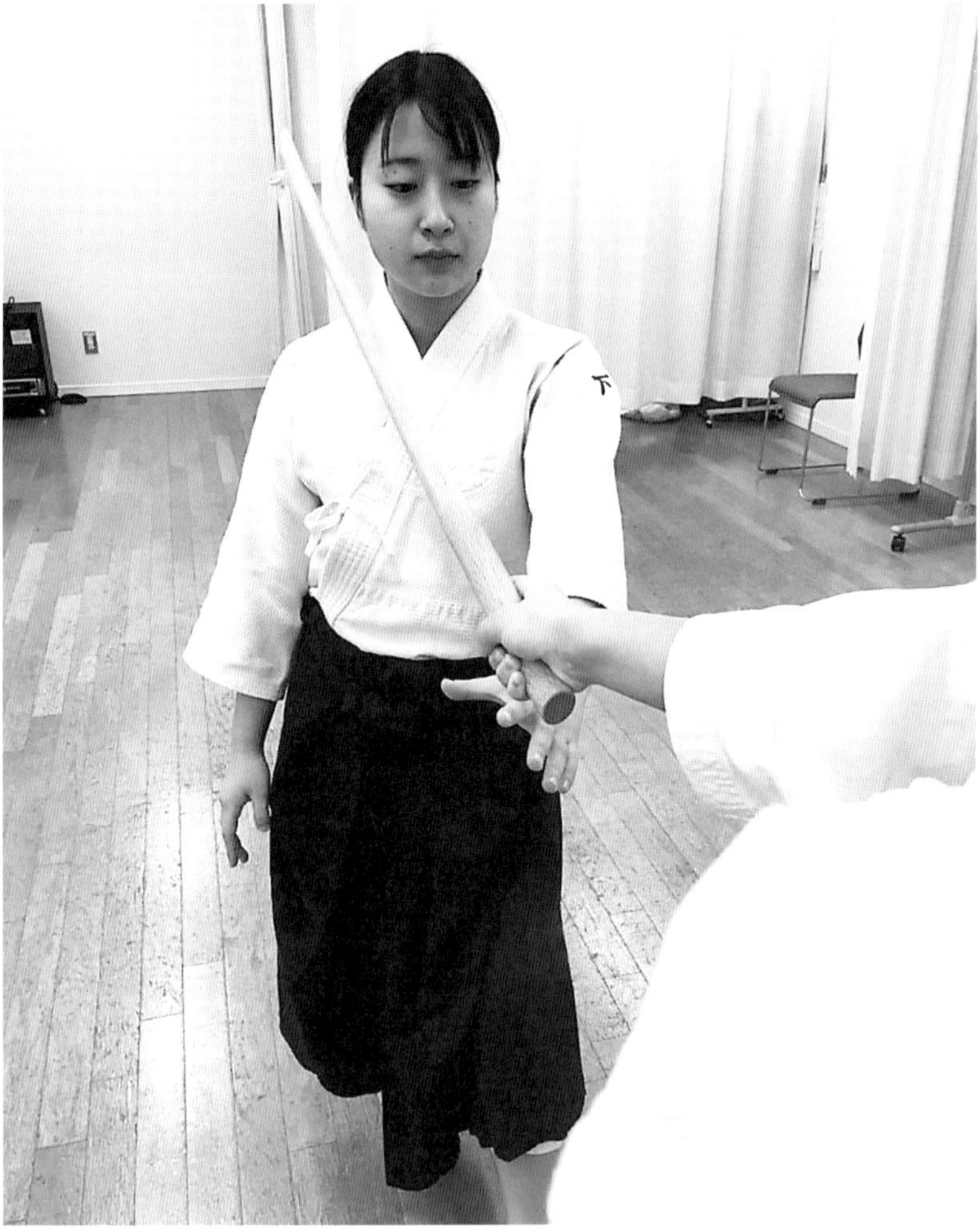

片手取
相手の手の先に、剣線があると思うこと。ある日の月窓寺道場での説明で、師範が「正面打で打たれてしまってからよける人は誰もいない」と、わざと正面打を頭で受けてから体捌きをするという悪い見本を示してくださいました。

相手の剣線に対して、45 度の角度をとる。
全くの初心者がはじめて四方投を教わるときは、相手の前面で片手取を取るところからはじめてもかまいません。

初心者の人は特に注意が必要ですが、手首の付け根から何センチも肘よりに近づいた前腕部の太いところをつかむのではありません。悪い例の説明ですが、相手の腕を握ってしまうと、四方投でいざ投げようとするとき（相手の腕の前腕部を持ってしまっては）、相手の体幹から距離が近い上に、自分の手もねじれてしまい力が入らず、相手の手首を折りたたむ肝心のグリップ力が効かず、うまく投げられません。

自分の腰のひねりが十分でないと、相手の腕の折りたたみ具合が不十分となります。「四方投崩し」という投げ方で、受けの腕をわざと斜めにひねって投げる人がいます。受けは、前方飛び受け身をして逃れます。しかし当会ではこの方法は推奨していません。海外の道場でこの崩した投げ方で、過去に事故が起きたことがあるそうです。投げる方の手が汗で滑って、受けが肩から落下し首の骨に大怪我をしたそうです。夏場に、ものすごく油っぽい汗をかく人など必ずいます。汗で手がすべることは要注意です。

体格が同じような日本人同士で稽古をしているときは、腕を持ってしまい自分がねじれた体勢になっていても、なんとなく投げている場合もありますが、海外で自分より何倍も大きな体格の人を相手に指導する場合、この手首の取り方を知らないで腕をつかんでいると巨漢相手に自分の技が通じないケースが出てきますのでご注意ください。

悪い例はなぜか真似しやすく、すぐに落ちてしまう落とし穴のようなものです。絶対人に見せない方がいいのです。しかし、それでは何が正しくて何が悪いか、わかりにくいので説明上、違いを際立たせるために記載しています。

上腕部の、しかも上の方を持つと、結果として手首がロックされません。つまり最初の手首の取り方に原因があるのです。このように持ってしまった場合どうするのか。これはこれで、持ち替えたりやり直したりせず、そのまま投げてください。合気道の技の途中で、ちょっと待ったとか、やり直しをすることは禁物です。

腕は磁石で相手を引き寄せるように自分から出します。相手に手を取らせるときに、剣を持って離したときの手の形になっていることが重要です。相手の手首は、剣の柄を握るようにピタッと握ります。


相手の手首を両手で持つには、一番最初に説明した輪っかをつくって手首をとらえる方法や、後ほど説明する「横面打四方投」を例にして、両手で手首をつかみ、投げる練習をすることがグリップを覚えるのに適していると考えます。片手取はついつい上腕部を持ってしまうケースが多く見受けられます。

横面打で打ってきてもらい、上腕部と手首のつなぎ目に線がありますが、そこを両手の親指を詰めて握ると、甲側を残りの指がしっかりとつかむことができます。四方投に入った後、相手の手首を両手で折り曲げてしっかりと握ることができます。

上手に手の内が会得できたら、次は手を巻いて投げます。手を革の鞭のようにしなやかに使って巻きつけて投げます。稽古の方便で後ろを向く。自分のお腹を回す。そして手を巻く。手を革の鞭だとイメージして、実際に鞭がしなるような革の弾力が腕に出るように

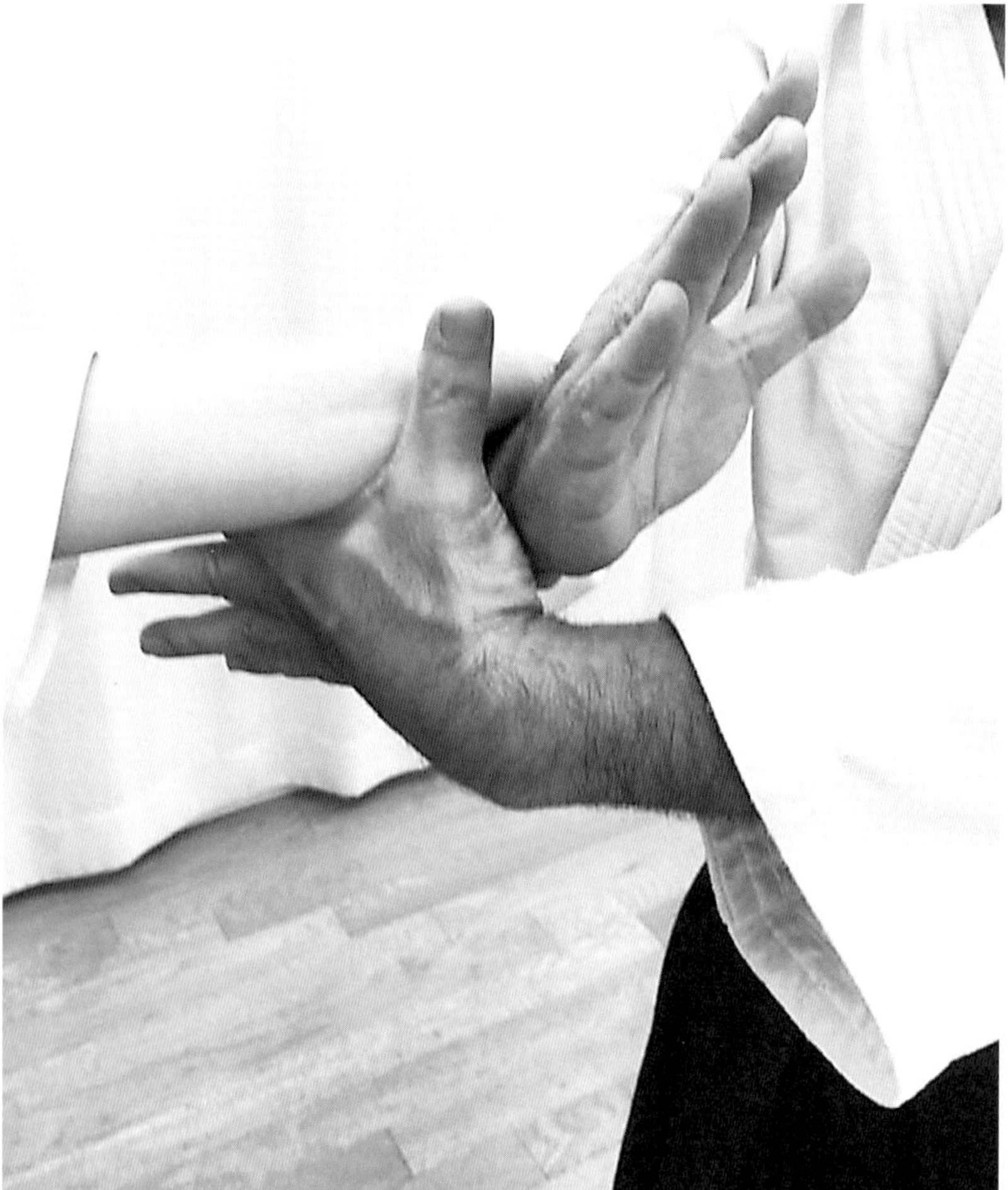

逆半身片手取の場合
相手に持たせた右手を親指が内側に回転するように少し回して、相手の脈部が出てくるようにします。自分の左手首を90度ほどのくの字形に曲げて、親指で相手の脈部を掴みます。手首と前腕部のつなぎ目の部分にしわがありますが、そのしわを目標にするぐらい手首部分を握ります。前腕部を握るのではありません。手順に慣れたら取りは受けに持たせている手を突き出すように導き、自分の手のひらに入れ込むようにします。

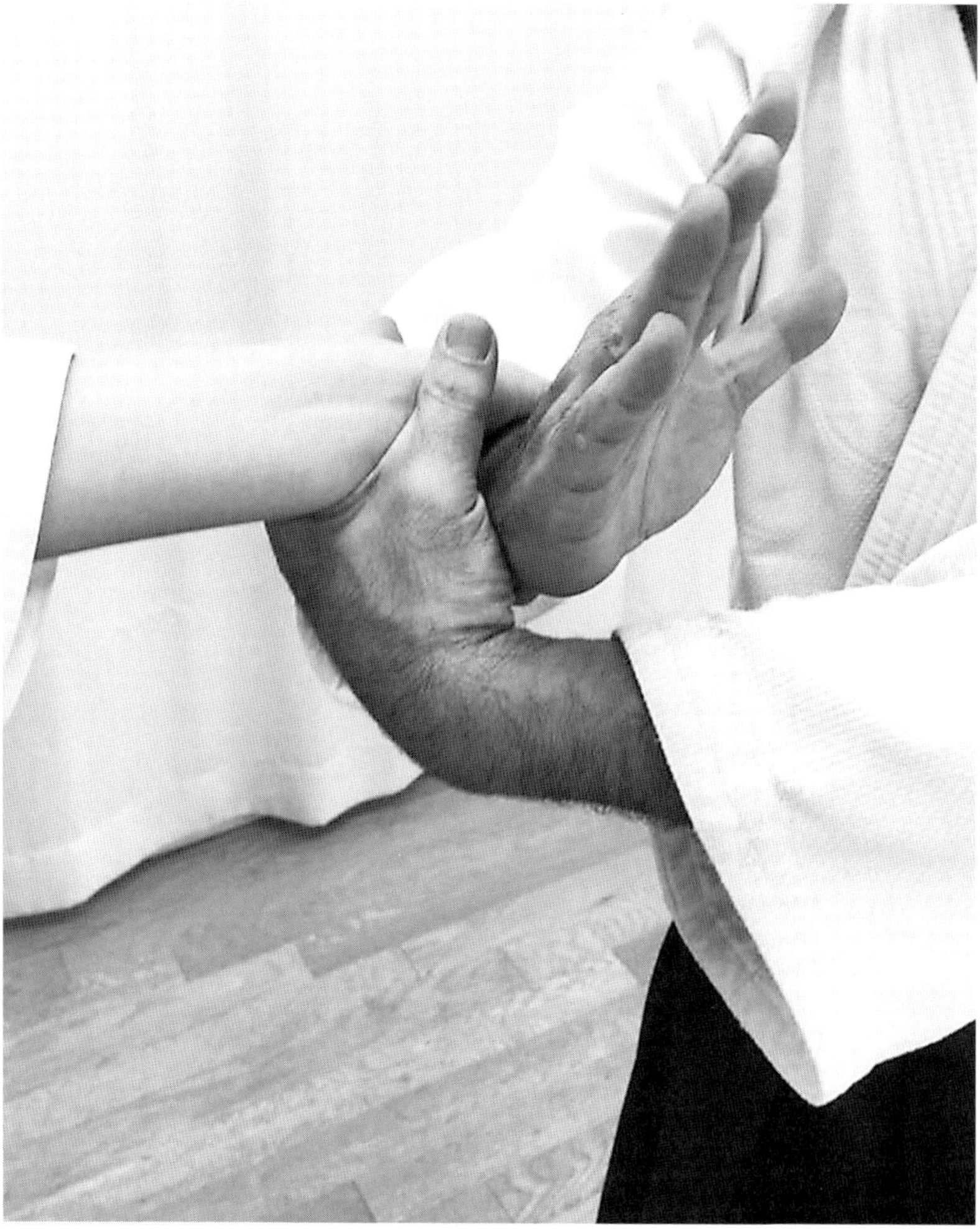

人差し指から小指までの四本の指は、相手の手の甲側を包み込むように握ります。かならず四本の指は手首の甲側を包みます。くどいようですが、ここで前腕部を握ると、四方投の最後で手首の極めが不十分になります。

相手の手首がきちんとロックされた場合
手首、肘、肩と四方投がきまります。

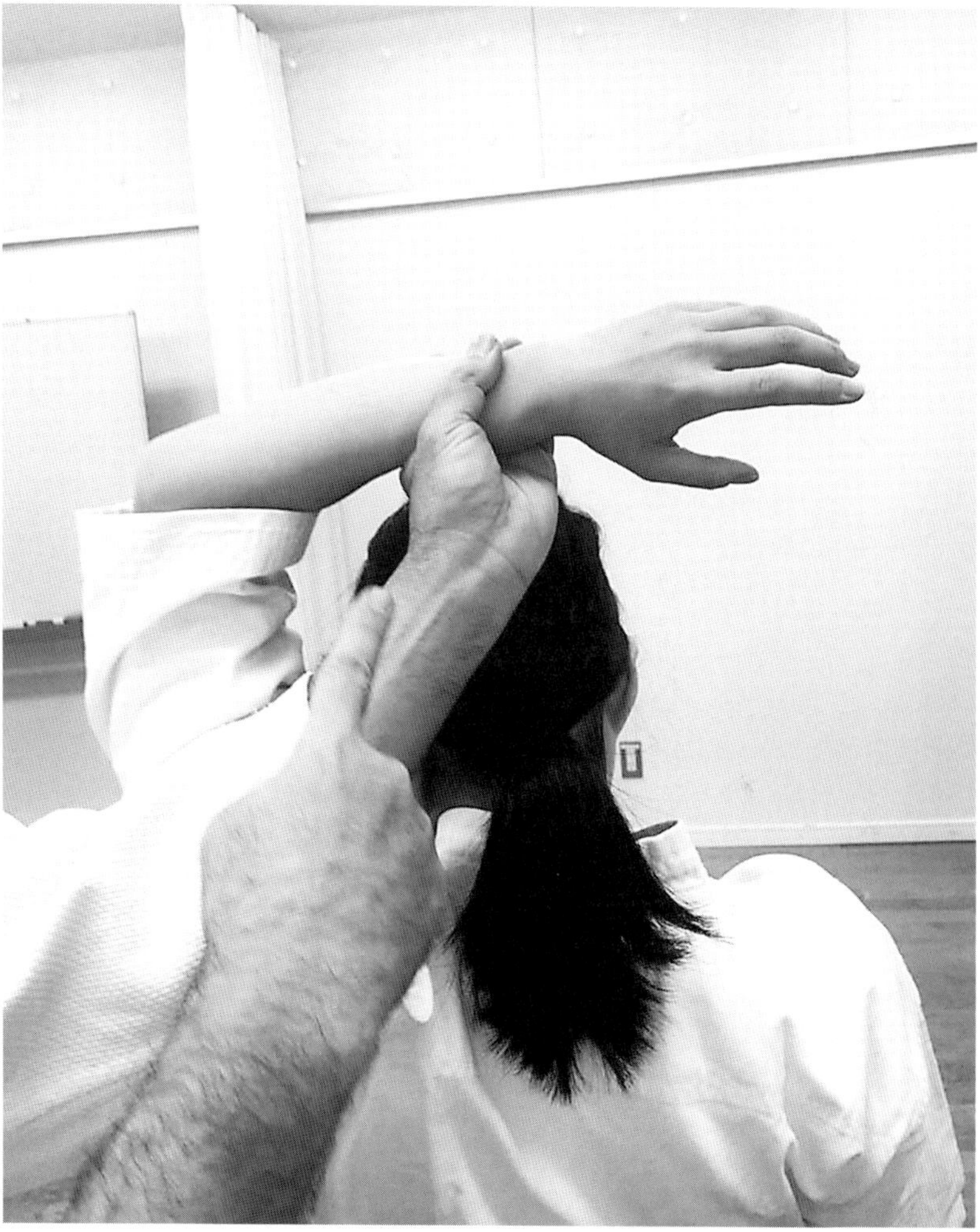

悪い見本はしない方がよいのですが、相手の手首がロックされていない技の極まり方が不十分な例です。相手の前腕部を持ってしまった結果です。

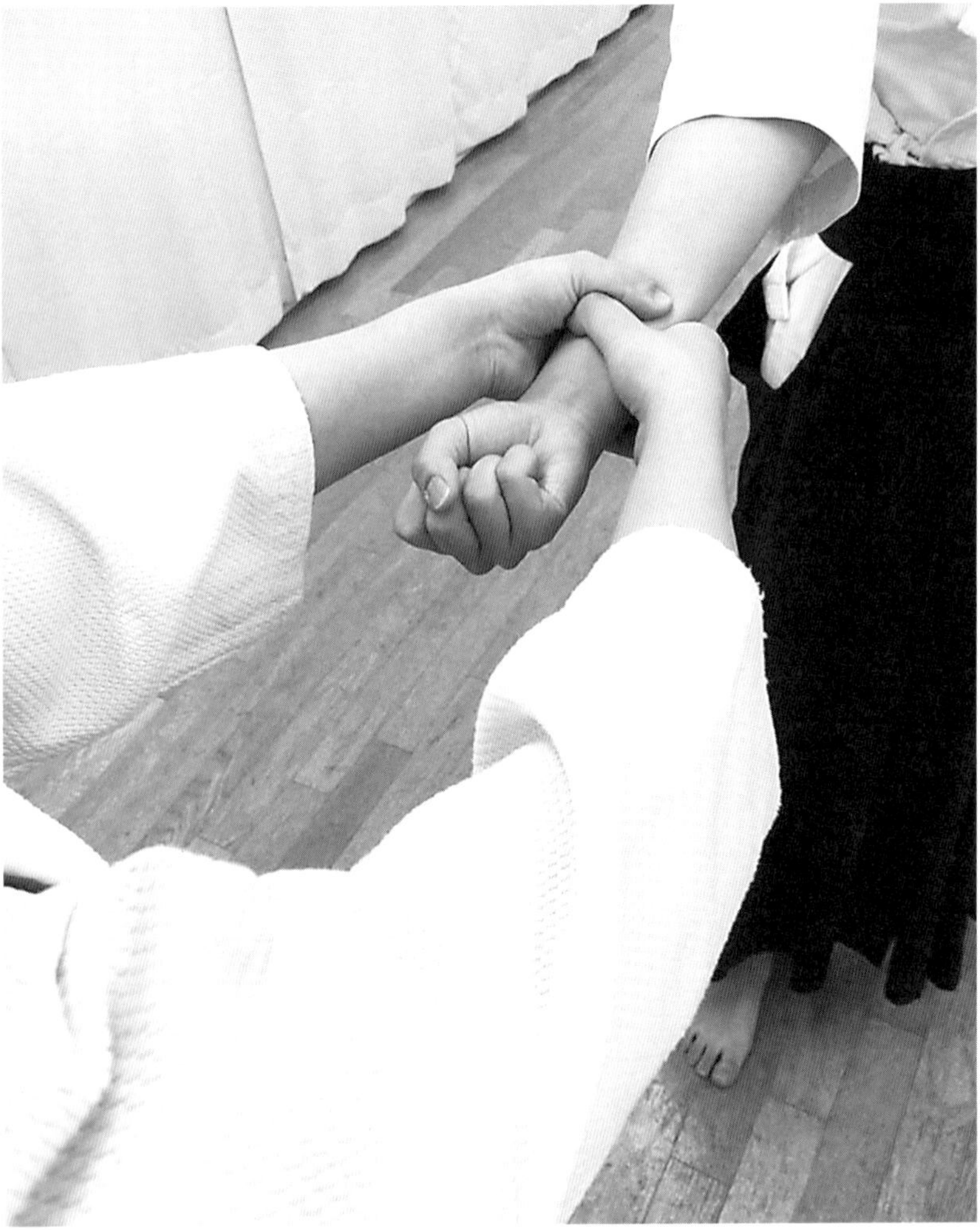

前腕部を握る悪い例

初心者に四方投を教えるとき、五級技の片手片手取四方投を例に教えることが多いと思います。四方投に入るとき、相手の前腕部ではなく、自分の親指が相手の脈部を取る。四本の指は相手の手の甲に回す。腕ではなく、手首を取ることです。

悪い握りの例では、手首がロックされていません。原因があれば、その結果があります。
追記：全く逆の話をして恐縮ですが、少年部クラスで小学校低学年生を教える際は無理に手首をきめません。この写真のように投げる場合もあります。

稽古します。巻いて投げる稽古で、相手の体が螺旋形に崩れる様子を実感してください。応用変化技として、相手の肘に補助の手を添えて螺旋に崩れる動きを加速させる方法があります。

師範が植芝道場に入門して間もない頃、「白田林二郎先生が四方投を見せてくださった」という話をよくされました。前屈立ちのように膝を深く曲げた低い姿勢で出す腕のさらに下を低い姿勢で四方投に入っていったそうです。

四方投は相手の帯の線より自分の帯の線が低くなるよう、腰を落として低い体勢で入ってゆきます。当然、相手の腕よりも自分の頭が低くなるように入ってゆきます。四方投からの変化で、こちらの四方投に対抗して、受けがさらに腰を落として、手の下に入らせないようにする場合があります。その際は即座に四方投から変化して、呼吸投で相手の手の上から首に手を当てて投げ飛ばします。

相手が腰を落とした場合の別法として、四方投の手首の取り方のままで相手の脇の下に手を入れて、肘当呼吸投で投げる変化もあります。

手を巻いて投げる四方投
取りは親指を下にして受けに持たせます。そして、腕全体を革の鞭のように柔らかくして巻きます。

練習の方法として、大きく腰を回し、顔も後ろを向きます。親指が下から上に返り、受けの手首に巻きつけます。

両足を軸に大きく腰を回転させ、巻いた手を伝って螺旋形に相手が崩れます。

受けの手は額の前に置いたまま、しっかりと腰をまわします。

三．四方投　手捌き

師範「四方投で（手を）持たせるときも、このように持たせるが、左手で持たせる場合、手の親指が外側上四五度で持たせるか、親指が真上、親指が内側上四五度、手のひらが下で親指が内側水平に持たせるか。自分の剣の持ち方によって違うから、そこはよく気をつける。

どのように持たせるか。そしてこちらの手（相手の脈部をつかむ手）ですが、この手とこの足（反対側の足）のひら、四つのひらを丁寧に合わせる。そしてこの脈に親指が当たる。手首はこう（曲げて）、先ほど五教で短刀を取るときやりましたが、四本指が手の甲にピタッと密着します。そうすると相手がどんなに、手首がこんなに大きくても、手首にしっかり入る。ですからこう入るようにする。」

手捌きについて、各自で研究してみてください。細かな手の動きを、徒手だけで説明するだけではなかなか真意が伝わりにくい。わかりにくいですが、大切なポイントです。

師範は手捌きの説明をするときに木剣を持って親指の方向の違いを指し示しました。

右手に持った木剣を九〇度ずつ回転させて、パッと手を出すときの手の出し方を五つの場合に分けて解説しています。

1　剣先が外側を向く場合

師範が月窓寺道場で木剣を持って手の持たせ方を説明してくれました。手首を持たせるときの手首の向きについて、色々な角度があると示してくれました。手の出し方を 360 度的に変化させ自分自身で回転角のバリエーションを納得するまで練習します。

2　剣先が上を向く場合

3　剣先が内側を向く場合

4　剣先が下を向く場合

5　剣先を後ろ手に回した場合

1　手のひらを上にして相手に持たせる場合、または親指を外側にして持たせる場合
手のひらを上にして相手に上からつかませる。自分の手首を回す。つまり親指が 180 度回転すると、相手は螺旋状に崩れます。なるべく自分の弱点は見せない方が良いのですが、この体勢の場合、脈部が上に出ています。

2　親指を上にして相手に持たせる場合
基本的な手の出し方です。

3　親指を内側にして相手に持たせる場合

4　親指を下にして相手に持たせる場合

呼吸投でよく用いられます。親指を下に相手に持たせて、パッと自分の親指を上に向けると螺旋状の動きとなります。

5　後ろ手に回した場合
片手両手持呼吸技で、相手に腕をねじって持たせた場合にでてきます。脇にすき間ができないようにピタッとつけます。

コラム ― 学生時代の四方投の稽古

学生の頃、四方投を取る手はおでこに付けろと教わりました。昭和五十年代の話です。特に四方投の裏は、絶対に相手の手を取ることができると教わりました。相手にげんこつ（拳）を握ってもらい腰にピタッとつけて、その手に自分の額をつけ、四方投裏で投げる練習をしました。

受けは肘を壊さないように注意する必要があります。折りたたまれた前腕部に耳をつけて受け身を取ります。取りは手で受けの頭を支えて畳に当たることを防ぎます。相手の体が浮き上がるように腕を回してゆく。

裏で相手を投げた後に、さらに九〇度転換をする場合があります。これは投げ終わった後で相手の足が飛んできて頭に当たることを防ぐためです。剣の動きで表せば、九〇度転換をつかった袈裟斬りのようになります。

昔はねばり合いの稽古をよくしました。白帯の頃、取りの私が四方投を掛けようとすると受けの黒帯の先輩が、そうはさせじと粘るのです。手首の頑丈な先輩は、四方投が完全に極まってからも倒れることなく、「技が効いてないぞ。」と道場にどんと立ったままで叱咤していました。取りは先輩の手首の一振りで取りの方が反対に投げ飛ばされてしまうのです。散々な目に遭いました。

この時代の稽古は、全力で握り粘る相手をどうにかして四方投で投げる。汗まみれで粘り合いながら稽古していました。学生時代の懐かしい思い出です。その中で正しい四方投への入り方、投げ方を学ぶのですが、技が崩れるほど粘りあっては本末転倒です。武道的には、相手が腰を低くして四方投に入らせまいと踏ん張ったら、相手と相対的な取っ組み合いや格闘をすることなく、瞬間的に呼吸投げに切り替えます。粘り合いを根性稽古と称した時代もあったようです。昭和六十年代に入ると、無闇やたらと粘りあう稽古は徐々に影を潜めるようになりました。

片手取逆半身四方投の足捌きについて

毎年四月に新入生が入会するころ、全員で四方投の基本を行います。初心者は合気道とはどのようなことをするのだろうと、初めての稽古に胸を躍らせます。上級生は下級生に技の指導をするわけですが、四月という時期は自分の動作について基本技を通して見直し、技を深める絶好の機会となります。

四方投は一教と並び、新入生が初めて道場に来たときに教える大切な技です。色々なポイントを初めからあれこれ余すところなく全部後輩に教えたいと上級生は思うかも知れません。しかしながら初心者に対して教え過ぎはよくないのです。稽古には何段階もの見えない自分の秘密の階段があります。上級生は後輩の成長について、ある種の我慢が必要です。教え過ぎの弊害も考えなくてはなりません。初心者に細かなダメ出しばかりしていたらいやになってしまいます。

四方投編は手捌きの解説に重きを置き、足捌きについては簡単な考え方を示すことにとどめます。足捌き、体捌きの細かな説明については別紙に譲ることにします。

なお、四方投と一教は両輪の関係にあるといわれ、両手を前に回せば一教。両手を後ろに回せば四方投になります。

表技の足捌きは、深く足を入れません。少し浅めに入れて着地と同時に回転を行い投げます。体重の掛け替えの時間を省くためです。相手の前にいる時間を極力短くします。

裏技の足捌きは、表の足捌きと違い、歩幅を大きく広くとり、転換、そして回転して投げます。素早く行うと受けは取りを見失い、あたかも取りが一瞬消えたと錯覚します。

転換の足捌きですが、細かな入り身動作の後で行います。最初、初心者に教える場合、相手と自分を結んだ線上にお互いがいる。その静止状態から教える事が普通です。相手と自分を結んだ線上にある自分の足を、相手のつま先の少し外側にスライドさせて、相手の線を外して、そこから転換します。相手と自分の線上に居座ったままで無理にその場で転換を掛けると、技がゆがみます。

裏技へ入るときの足捌き
相手と自分を結ぶ直線上に立つ。(仮にA線としましょう)

裏技へ移行するときに、相手の正面から側面へ入り身します。
相手の側面の線へ移行してから技に入ります。（仮にＢ線とします）
Ａ線からＢ線へ移動する動作が必要です。

B 線上で 180 度転換、回転します。

四方投裏

悪い例はお見せしない方が良いのですが、入身しないとどうなるか、受けの真正面、つまりA線上、相手のつま先の前で転換するとうまくゆきません。

A線上で両者がぶつかった悪い例
前進してくる受けの圧力をまともに受ける上、ここの位置から無理矢理四方投裏へ移行しようとすると、軸線が大きくブレてしまいます。

足捌きの基本について、師範は杖を両足の間に置いて、右足の領域と左足の領域の二つがあると説明されました。

最初は、正面を向いて両足を真っ直ぐ前に向けます。肩幅より広めに足を広げます。体重の掛け替えを自分自身で分かりやすくするためです。両足の真ん中に置いた杖で、左と右の二つの部分に区切られています。

そして左足に重心を掛けます。次に右足に体重を移動させ、右足に重心を掛けます。足の幅が狭いと体重移動の感覚が分かりにくいので注意してください。

右足を右側へ向けます。このとき右足は、拇指根を中心に九〇度回します。右半身となります。一旦平行立ちに戻り、左足拇指根を中心に九〇度回します。今度は左半身となります。

道場の正面を時計の十二時方向と仮定します。右が三時方向、左が九時方向、後ろは六時方向となります。また、東西南北の方向を使う場合もあります。体育館によっては窓の無い建物もあり、日が差し込まないことがあります。正確な方位が不明のとき、便宜上道場の正面を北と仮定します。右が東、左が西。真後ろは南となります。

この時計の針を想定した方法や、東西南北の方向感覚を持っていれば、「世界中の道場、どこに行って稽古しても問題なくいつも通りの動きができる」そうです。

足捌きの基本の考え方を示します。
体重の掛け替えと左右の足の体感を自分で覚えるため、肩幅より少し広めに足を開きます。平行立ち。
両足の真ん中に線があり、２つの部分に区切り稽古します。線から半分が右足の領域で、反対側が左足の領域を示しています。

右半身に90度、体を回転させたところ。
前足（この場合右足）の領域と後ろ足（左足）の領域があります。
正面を時計の針の12時の方向とします。（道場で使用する言葉の定義です）
言葉の約束が違うと話が伝わらなくなるので、その点は注意が必要です。

前足の領域での足捌きの角度の変化は前足で調整します。後ろ足が軸となります。正面12時方向から3時方向まで足捌きの変化を練習します。
鬼門の方向（斜め右前方）から攻撃されるのが厳しいと教わりました。

線で区切った領域で前足を左にスライドさせたところ。今度は12時から9時までの方向へ足捌きの練習をします。360度の方向に相手が8名いると想定して稽古します。

回転すると前後の足が交代します。今度は左半身、前足（左足）を軸に後ろ足（右足）を左右（3時から9時方向）にスライドさせる練習をします。
足捌きの基本はいろいろあります。合気道は回転、転換の動作を多用します。右足を軸に時計方向に右回転、反時計回りに左回転、左足を軸に時計方向に右回転、反時計回りに左回転を行う四種類の回転動作が基本となります。

コラム―合気道会の伝統（年次システム）

早稲田大学合気道会は、武道サークルの伝統として、先輩を敬い年功を重んじます。この上下関係は単純明快で、一生涯変わることがありません。先輩、同期、後輩の三つの分け方で認識でき、たとえ高齢になって、記憶が多少おぼつかなくなっても先輩は先輩、後輩は後輩なのです。一代でも年次が上であれば生涯先輩として敬う。ちなみに私は第二十三代で、同期は私を含め全員で五名です。

自分が一年のときの四年生の先輩方は第二十代、そして自分が卒業する四年のときの一年生が第二十六代です。自分の代より三代上と三代下まで大学時代に共に合気道を学んでいるわけです。

二十世紀後半、昭和五十四年。この時代の日本は平和で愉快でした。街の喫茶店にコンピュータゲームがやっと現れてきた、そういう時代です。学生時代、ピンボールゲームとかインベーダーゲームというものがありました。喫茶店に置かれたコンピュータゲームマシンは、信じられないぐらいゲーム代が高く、一回百円しました。小型電卓はありましたが、もちろん携帯電話、スマートフォンなどまだ開発されていません。

大学のクラブの古き良き伝統というのでしょうか、先輩たるもの、キャンパスで後輩に出会えば、必ず昼飯をおごります。稽古も後輩に負けず、人一倍行います。後輩たるもの、先輩が言うことは絶対です。先輩の言葉に対して、答えは常に「はい」か「Yes」しかありません。ころころと先輩の後をついていく、それだけで幸せで、食事や飲み代の心配はなく、稽古ではその代わり、ものすごい勢いで投げ飛ばされる。そんな毎日でした。

先輩には必ず大きな声を出して挨拶すること。これがルールでした。「こんにちは」のこんにちを省略して、単に「チワッ」と大声を出して挨拶していました。食事をご馳走してもらうと、会計時に下級生全員はお店の外に出て整列し、「ご馳走さまでした。」と声を張りあげる。これも基本です。何でもかんでも大きな声を出す。準備運動のときから大きな声を出していました。二教運動、小手返し運動も一回ずつ大声で号令の気合いを出していました。

四. 両手取四方投

両手取四方投の受けの掛かり方を説明します。本来の訓練方法では、受けは先生が行い、弟子が取りを務め、先生役の受けが弟子の技の上達を指導します。このため、受けの掛かり方が重要です。

一　受けは取りの両手をつかみ、引くようにします。取りは受けの動きに逆らわず、まっすぐ進みます。そして四方投表の動きで一八〇度転換して受けを投げます。受けが右に受け身を取ろうが左に転ぼうが取りは一切気にしません。受けの転び方にとらわれず正確に一八〇度転換し投げを行います。

二　受けは正対する取りの両手をつかみます。取りは九〇度体の向きを変えて四方投表に入ります。受けの転び方にとらわれず、正確に自分自身が九〇度の角度を出す練習です。

三　受けは真っ直ぐに取りを押し込んでゆきます。取りは受けの押す力に逆らわず、受けの線をはずし、受けの力を流して四方投裏を行います。受けが真っ直ぐ押し込んできますので、受けの前に立ったままでは力と力がぶつかってしまいます。入り身して受け流す体の位置取りが重要です。

四　受けはその場で取りの両手をつかみ親指を内側へ絞るように持ちます。取りは相手の線をかわして自分のつま先を受けのつま先の外側に移動させ、転換回転し四方投裏で投げます。

以上、四方投で正確な角度をとる稽古です。この四つの方向への投げ分ける練習に手掛きを追加して技を練り上げてゆきます。


次に、両手取で手刀を上から当てて四方投を行う方法で稽古します。

一番目、真っ直ぐ進む四方投表。二番目、左右九〇度体の転換を行ってから四方投表に入る。三番目、相手が押し込んでくるのを後ろに流して四方投裏。四番目、四方投裏。

以上、一番目から四番目までを連続して行います。お互いの手順の確認のため、師範が示す順番通りに稽古してください。

それからさらに複雑になりますが、両手取から四方投に入りながら、手首を取り替えて右手と左手の両腕を回して絡めて四方投を行う手捌きを加えた稽古をします。一番目から四番目まで稽古します。先に取る手と、後から取る手がありますので、あわてないで実施してください。少しわかりにくくなったかもしれませんので、まとめると、両手取四方投で下記の三種類の手捌きの変化を稽古します。

一　受けの両手を両手で取る、一般的な両手取四方投。
二　受けに両手を持たせたまま、取りは手刀で相手の手をつかまず操作する四方投。
三　両手取から手を持ち替えて腕を絡める四方投。

一、二、三の手捌きの変化に受けの掛かりが四通り、さらに四方投表と裏の変化を組み合わせ、数多くの変化を練習します。

三六〇度的な稽古

師範「三六〇度的な稽古をする。植芝大先生が示してくれる技は一つ。弟子はこの一つの技に加え、残りの三五九度の方向で行ってみる。これに表、または裏の変化が加わる。」

合気道の稽古の前提として、相手は一人とは限りません。常に八人の相手を想定して練習します。三六〇度自分の周りを相手が囲んでいる状態を常に想定します。なぜ八人かというと、攻撃側が八人以上いる場合、攻撃する者同士でぶつかるなど同士討ち的な混乱が生じ効果的な稽古ができないからです。四方投は掛かってきた相手を方向を変えて四方八方に投げ分けて技を練り上げます。前から来る相手を後ろに投げる。左右に投げ分ける。前から来る相手を転換を使って前に投げ返す。四方八方に投げ分けることが可能です。

この稽古は相手を正確な場所に投げる練習ではありません。まず自分の体勢を九〇度右なら右、九〇度左なら左に正確に移動します。自分の体勢を正確に取る稽古です。相手がどう受け身をしようが、どちらに転ぼうが一切気にしません。転換の際に、相手に寄りかかったりしてもいけません。

五．片手取両手持四方投

師範「相手に両手で持たして、がっちり持って。力は感じるけど感じるだけにしておく。スーッと入る（四方投表）。スーッと。相手が力を入れたと触覚で感じるから、それに反応して自分もグーッてやっちゃったら自分の力で動かない。相手の力は感じるだけにしておく（四方投表）。一番の技の基本。

それから、今と同じようにもう一遍、持たれたと思わない。持たれたと思うと自分の中で知らず知らずの内に、自分の心の中に敵をつくってしまう。そうではない。バーッと持たして、バーッと入る（四方投裏）。」

絶対的観念と相対的観念

二人で組み、取りは腕を伸ばして立つ。受けはその腕を横から静かに両手でつかむ。取りは姿勢を変えず、以下の変化をもって自分の内面に起こる違いを感じます。

一　「曲げられまい。」と相対的な気持ちで行う。
二　「私の腕は鉄だ。」と思う。「生まれつき真っ直ぐだ。」
三　「有声の振動を入れる。」「半分有声、半分無声。」
四　「鈴の音が消えるフッとした瞬間を思い浮かべる。」
五　「無念で手をスッと差し出す。」

一が相対的観念で、二から五までが絶対的観念です。たとえば、取りが受けの力に対してこのように相対的な気持ちで行うやり方と、「私の手は鉄だ」という気持ちで行うことで、相手の力とは相対しない気持ちで行う。この感じの違いを自分自身の内部で観察します。腕が折れ曲がるかどうかの試し合いではありません。こちらの腕の方が強いなどと相対的な考えで行うものではありません。自分の手の形は変えず、自分の内部の感じの違いに注意します。無理に行って手を怪我しないように注意して、実際に手が曲がる、曲がらないことにとらわれずに行ってください。絶対的観念が重要です。うまくいけば相手と対峙しない安定感が得られます。

コラム―「気の流れ」八割、「鍛錬」二割

相手にがっちりと存分に握らせてから技に入る。これを「鍛錬」（鍛錬に極みなし、という一般的な修行を意味する鍛錬と区別するため、このコラムでは括弧扱いとしました）と称します。がっしりした体を作る場合や、がっちり持たせて体を鍛えるときには「鍛錬」は一つの有効な稽古方法です。

体を鍛えようと、学生時代はがっちり持たせる稽古を好んで行いました。合気道は武道です。最悪の状態でぐいと持たせて、さっぱり身動きできなくなるのではちょっと格好悪いではありませんか。若い時は強靱な関節や骨太でしっかりした体、折れない心をつくる意味で、このような「鍛錬」も意味のあることです。

しかしながら「鍛錬」には以下の欠点もあります。自分の腕が緊張して固くなってしまい体までカチコチにしてしまうケースがあります。何よりも自分の気持ちが問題です。相対的な気持ちに裏返ってしまう。それから待ち癖というか、毎回相手が自分の手を取りに来て、さらにがっしりと握りしめてくるまで、一秒から二秒ぐらい常に待つ癖がついてしまいます。

話が少し飛んで恐縮ですが、単筒（銃身の短い火縄銃）などが普及していない江戸時代であれば、少し待ち構えてわざと相手に力強く持たせてから相手を崩す、そういったシナリオもときには有効だったのかもしれません。連続発射が可能な機関銃などの銃火器が普及した昭和の時代に誕生した合気道は、時代の変化に応じたスピード感を持っています。

師範「相手に触らせることは相手に斬られていると思え。」
普段道場で、相手に持たせて練り上げる稽古を行っていますが、「鍛錬」は稽古法であって技ではないのです。

初心者に緊張させる癖をつけてしまう指導をすると、なかなか直りません。道場ごとの指導方針があるので一概にはいえませんが、初心者相手にいきなり万力のような強い握りで相手がびくとも動けないように持つ。そうしておいて、「さあ、緊張するな。」と指導しても少し無理があります。

若い頃、他の人がやっているふわふわしたジェット機のような軽い動きの合気道を真似ようとは思いませんでした。個人的に、がちっとした技が好きでした。そして、まさか自分が最も時間を掛けたがちっとした稽古、すなわち「鍛錬」に弊害があるとは夢にも思いませんでした。

しかしながら、どこかうっすらと潜在意識の奥底ではこのような修行方法が必ずしもベストではなく、四年間でもっと早くもっと上達できる方法があると感じていたようです。大学時代の卒業文集『天地』に「自分は下手である。」とはっきりと記載していました。自身の稽古方針にまつわる基本的な問題に結構悩んでいたと思います。

結論的にいうと、稽古は「気の流れ」八割、「鍛錬」二割です。片手取両手持は、特に受けが取りの片手をがっちりと持つことができます。がっちり持たせても、取りは自由自在に受けを投げることができます。がっちり持たせても技ができなくてはなりません。

大学在学中は「気の流れ」と「鍛錬」の違いにさえ気がつきませんでした。大学を卒業して大阪に転勤になり仕事に没頭し、しばらく道場から遠ざかると、月窓寺道場に通う後輩たち（第二十五代）がはるかにうまくなっている事実に気づきました。「気の流れ」で稽古する後輩達と、「鍛錬」に固執する自分では上達するスピードに大きく差ができていたのです。上昇曲線の傾きの差といいましょうか、このままでは後輩にさらに差がつくと直感しました。

今になれば、ある程度論理的に「鍛錬」のプラス・マイナス効果を説明できるようになりましたが、当時はわかりませんでした。大学を卒業してから二十年ほど経って、師範から「気の流れ八割、鍛錬二割」の割合にするのが良いと教わりました。また、この話と同時にいつも「ふにゃふにゃで、だらしない稽古になってはいけない」と師範は戒めています。

合気道の専門家で、毎日八時間から十時間ぐらい朝から晩まで稽古するのであれば、相手にがっちり持たせようが、気の流れで稽古しようが、自分の腕が緊張して自分自身で身動きできなくなるほど固くなることもなく、どちらの方法でやっても受けを投げ続けることは可能でしょう。しかし、一日八時間稽古できる人はまれですし、週に数時間の稽古が精一杯の普通の人が同じ方法論をとっても効果的に上達できるかどうかは別問題です。現在の稽古では「鍛錬」に費やす時間が惜しく、気の流れを専らに稽古しています。自然な感じで行うのが良いようです。

ちなみに、これは全くの余談ですが、大学時代に「鍛錬」に明け暮れたことを全く後悔していません。「鍛錬」は自分に大きな自信をつけてくれました。アメリカ・サンノゼの潮平秀樹先輩（第十一代）の道場で百キロ以上重量のある人と稽古をしても、イタリア・ミラノの藤本洋二先生の道場でがっしりした体格の人に腕を持たせても、問題ない。自分の心がへっちゃらなのです。「鍛錬」の上に「気の流れ」を稽古すれば本当に有意義です。ただし気の流れを十割にすることもあまり推奨しません。試しに本気で万力のような力でつかむとびっくりしてすくんでしまう人がいます。そのようなときでもあわてない、あせらないぐらいの心と体の余裕は必要だと考えます。汗ばむ夏のある日、月窓寺道場で師範が、「うなぎつかみの四方投」という技を見せてくださいました。不思議な感じの技でした。

六．片手取相半身四方投

師範「ヒョイ、こんな感じ。相手の手が自然と入ってくる（そして手から前腕部、上腕部と螺旋的に相手が崩れ四方投に入ってゆきます）。

楷書的稽古では（背筋を伸ばし）、真っ直ぐ入ってゆく。そしてだんだん行書的稽古になると、丸く（螺旋を描くように）入ってゆく。ただしあまり崩しすぎると良くない。そこは気をつける。」

手のひらを上に向けて相手を導きます。相手に持たせた瞬間、手のひらを一八〇度反転させ、手のひらが下を向きます（つまり手の甲が上を向くようにする）。

初心者はまず最初に丁寧に手順を覚えます。順番を覚える方便として数字をつけていますが、決して数字にとらわれる必要はありません。手順を覚えて技に慣れればタイミングは変わってゆきます。そして最初から最後まで切れ目なくよどみなく体を動かすように、「ひと一つ」と言葉を発して一呼吸で最後まで投げるようになります。

四方投表

一　手のひらを上にして相手に持たせ、手首を返しながら足を替える。

二　足を浅く踏み込む。

三　回転する。

四　切り下ろす。

これを左右繰り返し練習し手順を覚えます。

表は足を深く踏み込みすぎないようにします。足の親指を見ながら一気に回転して投げます。つまり、ここでは大きく足を踏み込み、体重を前足から後ろ足に掛け替え、それから投げるという動作をショートカットして、足を浅めに踏み込んで一気に回転して投げます。不用意に相手の体の正面でうろうろしている時間をなくします。真下に切り下ろした手は途中で離さず、投げの最後までしっかり持ちます。

四方投裏

一　手のひらを上にして相手に持たせ、手首を返しながら足を入れ替える。

二　転換する。

三　回転する。

四　切り下ろす。

これを左右繰り返し練習し手順を覚えます。裏は表とは違い大きく足をさげ、十分に体重移動してから投げます。

足をさげる方法は、足を真っ直ぐさげる方法とコンパスのように円周を回してトルクを発生させながらさげる方法がありますが、転換する軸足の拇指根にピンを刺して畳に立てるようにして、シャープに足を引き転換し腰を切ります。転換した軸足から前足へ体重移動しながらさらにスムーズに回転します。腰を十分に落とし、大きく足幅を広げてくださ い。回転が一八〇度以下で不十分だと相手の肘をねじって壊す恐れがあり、腰を充分に回して転換回転し相手の手首、肘、肩をしっかり折りたたみ投げます。

四方投への入り方で、手順を覚えるため、楷書的な稽古では背筋を伸ばし、真っ直ぐ入ってゆきます。新入生が入ってきた四月には毎年決まって全員でこの基本動作を行います。そして初心者が一通り手順を覚えたら、次の行書的稽古では丸く螺旋を描くように入りま す。さらに進むと一教とも四方投ともわからないように流線形になって低姿勢で突っ込んでゆきます。

初心者は、まず手順を覚える。そして腕をのびのびと伸ばして使い、ゆっくりでいいので大きく動く練習をします。手をちぢこませてはいけません。呼吸を通してだんだん「乗る」稽古に移行してゆきます。一人稽古でもできます。丸く丸く球のように動く動きと、線をはっきりと描く稽古をします。「まるく、まるく。」と自分で言葉を唱えながら練習する方法もあります。普段の稽古では無音、無声で稽古を行うときもありますが、呪文のように実際に「まあるく。」と唱えて稽古する方法は自分に対する暗示の効果のような雰囲気もありますので、ぜひ試みてください。

コラム― 昔の技、「和歌山」の大先生演武映像

一九五七年（昭和三十二）頃、大先生と高弟による和歌山での演武の記録映像が残されています。この和歌山の演武では、大先生は四方投で投げた直後、相手の面に当て身を打ち込んでいます。投げの直後で受けの手が受け身をするため畳を叩いている最中に、がら空きの顔面に当て身が飛んでくるのです。私が入会した一九七六年（昭和五十一）には、この四方投の最後の極めの当て身はすでに省略されていました。

ただし、当て身を省くと調子が合わない技や、相手の内側に捌く場合など相手の反撃にあう技などがあるので、必ず当て身を入れることが必要な技もあります。「関節を取るときはその前に当て身を入れておく。常識だよ。」と師範は説明します。

四方投の当て身
和歌山の映像では、受け身を取る相手の手が畳を叩く瞬間に顔面への当て身が入っています。このとき、一呼吸置いて当て身を入れれば、相手は腕で防御する余裕が生まれます。

武道の抽象化

実際の戦いの場面になるようなこと、つまり臨場的なことはいったん棚上げして稽古をします。これを武道の抽象化といいます。抽象化の概念は、合気道の稽古のいろいろな場面でできます。たとえば「りんご一個とりんご一個を足すと何個?」という問題で、「りんごをみかんに換えたら答えられないようでは困る」と師範は説明します。

七．正面打四方投

師範「ビュゥッと切る位置にいる（当て身から四方投表）。バッと切る位置にいる（四方投各種）。」

相手が正面を打ってくる。自分は相手の攻撃の線を外し、内側に移動していて相手を切ります。自分から気力を持って相手に迫り、受けに正面を打たせます。こちらから受けの面に先に当て身を入れるぐらいの気持ちで行ってください。自分が磁石のように自分の腕を出す。相手が磁石に吸い寄せられるように正面打ちにくる。相手が正面を打ってきたときには、すでに相手の内側に体《たい》を変更して相手の攻撃線からはずれている位置に平行に移動し、相手を切っています。

正面打ちの打ち方

受けの正面打ちの打ち方を、三通り紹介します。

一　取りの脳天に向けて手刀を自分の正中線に沿って大きく振りかぶり、真っ直ぐに上から打ち込む。
二　取りの顔面に向けて手刀を立てて水平に腕を伸ばして打ち込む。
三　取りの顔面に向けて下から手刀を擦り上げて打ち込む。

二〇一九年（平成三十一／令和元年）の学生の稽古では、三番目の下から擦り上げて打つ正面打ちの方法を多用しています。師範は「お地蔵さんみたいに、ボーッと立って待っていたらいけないよ」とおっしゃっています。相手が打ってくるのを何もせず、身動きもしないでボーッと待っているのではなく、場を主宰する。自分から打っていく。相手が打ってきたときには、すでに相手の内側の線に変わっている。

相手の打ってくる手を自分の手でよけるという気持ちを持つのではありません。よけようと思う心は、知らず知らずのうちに相手と対立する心を生じ、自分の本来発揮できる力を弱めてしまいます。よける手に力を入れるのではなく、そういった気持ちではなく、むしろ相手の面を打つ方の手が重要です。相手を真っ向から唐竹割りにする気概で切り下げます。そして四方投表、もしくは四方投裏に入ってゆきます。

「先《せん》の先《せん》」

合気道の稽古は相手が攻撃してくるのを必ず待ってから反撃すると思い込んでしまって稽古しているケースがありますが、それでは自分の身の安全は保証されません。大先生の大阪朝日新聞社での演武映像には、自分から先に相手にひょいと手を出してゆくシーンが残されています。

師範が稽古していた頃の旧本部道場で、大先生に会いに来たお客様がいて、「合気道は後《ご》の先《せん》ですか。」と大先生に問うたことがあったそうです。大先生は、「いえ、合気道は全て先の先です。」と返答されていたそうです。

待つ稽古

お地蔵様のように待つ。相手が猛然と正面打ちにくる。それをよけながら相手の内側に入り技に入る。一種の後の先となります。このようにする人が多いのではないでしょうか。

師範「お地蔵様になってはいけない。ピタッと止まってから動きはじめるより、スッと動きはじめた方が良い。」

落馬地蔵尊
(地下鉄東西線早稲田駅徒歩１分)

磁力の錬磨の稽古

自分の回りに結界をつくる。自分が場を主宰する。取りから先に、受けに対し手で磁石を出すように下から擦り上げて正面打ちを行う。先の先の稽古です。受けが手を出して正面打ちに合わせにくる。手が合う寸前、そのときすでに取りは内側に体を移動させており、当て身を行う手で相手を切り下げている。そこから技に入る。これを「磁力の錬磨」といいます。

師範「合気道はスポーツじゃないのです。昭和の時代は大きな戦争があった。『先の先』というのは、相手が爆弾を落としてくる前にこちらから攻撃を仕掛けて相手をやっつけるという意味じゃないよ。そうではない。」

相手が攻めてこないように日頃から努力するというのでしょうか。戦争体験から来る師範の説明には、戦後の平和な時代だけを生きる我々にはうかがい知れない教えがあります。二〇一八年（平成三十）の奥州道場道場開き記念特別講習会で、師範はこのことに触れ、「自分から技のスイッチを入れるんだ。」と説明されたことがあります。ラジオのスイッチを入れるのと同じで、自分から相手に刀を抜きつけるように手を出す。すると自分の意識がよりはっきりして相手が出てくるのがよりよく見える。いわば合気道のスイッチを入れるのです。

この講習では、道場が手狭に感じるほど参加者が多く、四方投で受けを下まで投げない、技の途中までを繰り返し行いました。この投げない稽古から多くの気の錬磨の練習に対するヒントを得ることができました。そもそも本当に投げないのですから、自分は投げようとこれっぽっちも思わないのです。新発見でした。

正面打ち四方投では取りは内側に捌く稽古を専らとしていますが、もし相手の外側に入り身で移動してもそれはそれで結構です。受け、右手正面打ち。取りが外側に入り身して右手で受けの手刀の甲側をつかみに行き、四方投裏で転換、回転すると、相手の指が逆に極まった形に投げることとなります。相手の手首を痛めないよう少し注意が必要です。

八．横面打四方投

師範「横面、さがる。回す場合ね。これ本当は、バーッと（前に）切り込んでいく。必ずしもそうではない。日本の武道ではバーッと死ぬまでいってしまう。それでは終わってしまうから、このビュゥーッて出るのと同じ呼吸でブゥーンと後ろにさがるんだ。同格という。

ビュゥーッと切る呼吸をサァッとさがることによって自分で修練する。そういう特殊な錬磨法がある。だから、体の形だけ見てたんじゃ分かりません。その理合いをよくみてね。だから、スパーッと切った（四方投各種）。

もうひとつ、バーッと入っていく（斜めに前進）。バーッと（当て身の手が）みぞ

一太刀で切り込む。前に行く、その気持ちで後ろに下がることは同格です。受けが横面打ちに振りかぶると同時に、取りも大きく振りかぶります。機を捉える稽古をします。相手が振りかぶる前に自分から振りかぶれと言われたこともあります。タイミングを思い通りにする方法を身につけます。膝に手を付け、そこから大きくストロークを取って振りかぶり、大きな力がでるように稽古します。

前進
相手が横面に振りかぶったときには、すでに斜めに前進して相手を制しています。相手の横面打ちを待つことなく、むしろ自分から先に出る気持ちで、膝に付けた手を大きく振りかぶるぐらいにすると、自分でも驚くほど深く大きく前進することができます。

おちに突き抜ける。そこから入る（四方投表）。だから、実際は相手はその場に倒れてしまってる。稽古だからこういう風に回している。

稽古のとき、（正面から）こういう風にいかない。下から刀を振りかぶっている。パァーッ。だから、稽古のときはここ（膝に手をつけたところ）から始める。この辺（両手が胸の前の位置）から始めると、ピョンとやったりするから（威力が出ない）。

それで、相手が非常に大きかったらグゥーッと腰を下げる（腰と同時に手刀も下げる）。手だけを下げると相手がパァッと手をはずしたら、自分がひっくり返るから、腰を下げる（四方投裏）。」

腰を下げる方法では、大きな相手をたたむ方法が示されています。背の高さが同じくらいの日本人同士の稽古ではなかなか気がつきにくい点ですが、外国に行って稽古をすると、ものすごく身長の高い人や、骨ががっしりしていて体重の重い人がいる。私の場合、ミラノの藤本洋二先生の稽古に参加して、がっしりとした体型のイタリア人と横面打ちの稽古をしたときに体格差を肌で感じました。昔観たフランケンシュタインの映画が脳裏をよぎりました。必死に稽古しました。

相手の手をよける方の手ではなく、当て身を入れる手の方にもっと気合いを入れて相手の頭から下まで真っ向両断するように切り下げる。当て身の手がより大切です。

日本人同士で稽古している内は、相手の打ってくる手をよける側の手を重点的に考えていても特に問題を感じませんでした。海外では体格の違う相手と稽古する方が普通です。

自分の前に出ている肩の手が前、後ろの肩の手が後ろ側になるように相手の手首を握ります。受けが右手刀で横面打ち、取りは右手刀で相手の面を打ち、右手が前、左手が後ろとなります。右手は手首、親指が脈部を握り、残りの四本指で手の甲をつかみます。左手で相手の指先を握ります。もしも右手が後ろ、左手が前となると自分の両腕がクロスしてしまい、よろしくありません。

イタリア・ミラノの稽古で、体格の良い人が打ってくる何気ない横面打ちを受け、それだけで自分が吹き飛ばされそうになる。これではいかん、と思いました。同時に初めて、当て身を入れる手の方が大事だという師範の教えが身にしみるのでした。

受けの横面打ちを後ろに下がり回して捌く。半身が切り替わり、手刀を切り終わったとき、相手の手が自動的に自分の手に入ってくるようになります。自分の前に出ている肩の手が前、後ろの肩の手が後ろ側になります。

師範「四方投では自分の足の親指を見る。すると、頭が水平になる。透明な刀を持っているとイメージする。投げる際に腕は真っ直ぐ伸ばす。刀をスパッと斬る。遠心力が生まれます。」

コラム ― 百本稽古

学生稽古で百本連続して投げる稽古をよくやっていました。「横面打四方投、百本始め！」という号令のもと、取りは取りばかり、受けは受けばかり左右連続して百本技を稽古します。先輩が最初に投げます。後輩の我々が受け身を取ります。初めて百本の受け身を取るときは必死でした。

五十本を超えるころから体ががたがたになり、受け身で首を曲げて頭を打たないようにするのも必死です。手首はしびれ、肘はきしむ。背中にはものすごい受け身の時の衝撃がきます。肘に耳をつけて後頭部を打たないよう守ります。七十本、八十本、九十本と大声でカウントが進み最後の十本は特に先輩方も全力で投げてきます。ラスト三本はなおさら大変です。

受け身でヘトヘトになると、今度は先輩を百本投げる番なのですが、先輩方はちょっとやそっとでは投げられてくれません。こちらの技が効いてないと倒れてくれないのです。もたもたしていると先輩方は容赦なく打ち込んでくる。汗でつかんだ腕はすべる。足はふらふら。目はかすむ。「気合いを入れろ。」と大声で激が飛ぶ。

悪戦苦闘する中で、どうすれば四方投はかかるのか、真剣に稽古します。そして四方投の要点を体得してゆくわけです。相手の手首にかかった自分の輪は決して外れることのない手錠のように相手の腕をとらえ、投げるときに手首のグリップが極まるようになります。

このような汗みどろの百本投げの稽古を続けてゆくと、大学二年生の頃には意外と早く百本がこなせるようになり、そしていつのまにか先輩が倒れなくなることもなくなってきました。

九．上段突四方投

師範「バーッてくるから、下から刀で切り上げる。よけるんじゃない。下から抜き打ちで腕を斬ってしまう、というような気持ち。ゆっくり（気合いの声）（四方投表）。」

師範は、もし突きをよけ損なって拳が顔に当たっても大丈夫だとおっしゃっています。「高速写真で撮影して見れば分かるが、突きを切り上げれば、拳で突いてくる相手の手首がくの字にクニャッと曲がって顔に当たっても大丈夫。」

上段突きは、拳を握り、相手の顔面の正中線上にある、人中という鼻と唇の間にある急所を目がけ突いてゆきます。

上段突きの受け方

欧州の指導から師範が帰国されるとよく、上段突きの技を稽古します。上段突四方投を練習する際、師範の説明はいつも決まってこうです。「相手の突きをよけない！」

普通の稽古では、相手の攻撃をよけてから、技を出すのが合気道の稽古だと思いこみがちですが、この稽古ではよけない。

下から抜き打ちに刀を抜いて斬り上げるように相手の突きを斬り飛ばすイメージで練習します。高速カメラで撮影すればわかるということですが、相手の突きを下から切り上げれば、瞬間的に相手の突いてくる手首がくにゃっと曲がり、たとえ拳が顔に当たったとしても痛くない、という説明です。

師範「両手で三角形をつくり、その間にはいかなるものも入ってこないとイメージして振りかぶります。相手の突きをよけるという意識で行うのではなく、むしろ拳に鉢金《はちがね》（額に付ける金具）で突っ込んでゆくようにします。」

最初はお互いにゆっくりと練習します。バーッとくるところを、下から斬り上げる。よけるのではなく、「下から抜き打ちで、腕を斬ってしまう」ような気持ちであわてずに稽古してください。

体の前で、手刀を真っ直ぐ上に振りかぶります。手刀を振りかぶる動作は、刀で行うと、振りかぶって左手の小指で後ろを突き刺すように水平まで刀を振りかぶります。だから手は丸く動く。手刀の指先で後ろを指すように振りかぶります。実際の刀には鐔《つば》がありますので、鐔で自分の額をゴンと叩かないように切っ先は少し水平よりも上になります。

上段突きを下から切り上げる練習
上段突きの基本の練習では、相手の突きを体捌きではよけません。合気道はだいたい体捌きで入り身に入ることが多いのに不思議な練習だと思いました。最初は両足を動かさないで切り上げの練習をします。額に付けた鉢金で相手の突きを受けるようにとか、相手の拳を鼻で砕くようにと教えられました。

次に、手刀を振りかぶる動作を、軽くスッと行ってみます。もし自分が受けようとしていた手と反対の手で突きを受けた場合、かまわず下に切り下ろしてから技に入ります。相手がどちらの手で突いてくるか、右かな、左かななどと考えてはいけません。そのような考えごとにとらわれてはいけません。透明な心で無心に稽古することが重要です。

師範「陰。動きに軌跡がある。この線が大事。一瞬で消えてしまう。これを陰ともいう。新陰流の陰。見える世界と、見えない世界を一致させるように稽古する。大先生の道歌は　見えない世界から見える世界を詠ったものが多い。

誠《まこと》をば更に誠に練り上げて、顕幽一如《けんゆういちにょ》の真諦《しんたい》を知れ。（大先生道歌）

無心になる、といったって、ボーッとしていてもダメだよ。ビッグバンの前の宇宙。エネルギーがいっぱいになって一気にビッグバンに至る。」

上段突きを下から切り上げる稽古は、突きをよけないという稽古になります。普通、合気道の稽古では多くの技で相手の攻撃の線を外し、そして投げ、または押さえに入ります。よけようと思う心と、突きを切り上げる動作の心の働きの二つがある。よけようと思うと、切り上げようとする心の働きが弱くなる。人間は一度に一つのことしかできません。この上段突四方投では、相手が上段（顔面）を突いてくる。それをよけない。一種の心の使い方の稽古を行います。師範は下から切り上げた後、すぐにもう一方の手で二つ目の当て身を入れています。パパンとほぼ同時に二つの当て身が入ります。

コラム ― 上段突を切り上げる

NHKのスポーツTV番組を見ていたのですが、二〇二〇東京オリンピックに出場する空手道選手の正拳突きは〇・二秒から〇・三秒、三連続突きで〇・五秒。反応するのも大変です。

高速で自分の顔面めがけて飛んでくる突きをよけようとは思わずに、瞬間的に腰の刀を抜き打ちして、突いてくる腕を斬ってしまう気持ちで稽古しなさいということです。

道場でこの技を練習するときは緊張感たっぷりで迫力があります。突きをもろに顔面に食らうと大変です。よけようと思わない。そう思わず、むしろ相手の突きに鉢金で飛び込む。自分の両手で手刀を合わせ三角形にして振りかぶる。その空間にはどんなに強い相手の力も入ってこない。勇猛心を奮起して稽古します。

切り上げに失敗して自分の顔面が叩かれるのは自分の未熟さからで仕方のないことですが、稽古相手が女性の場合、顔面を突いて、相手がよけ損なったら顔に怪我をさせてしまう。そう思うと、突く方も緊張します。

OBになって学生稽古に出て、後輩の現役女子学生と稽古していたときの話です。上段突きの稽古の方法で、自分は止まったままで、腕を伸ばしたままにして拳を前に出して止めた状態で、相手に腕を取ってもらうという練習をしていました。これなら安全のはずです。私の止まっている拳めがけ、後輩女子が勢いよく前進してきたかと思ったら、腕を取り損なって、なんと私が止めている正拳に勢いよく顔面から激突してしまったのです。ひっくり返った後輩を見ながらこれにはびっくりしました。冷や汗も出ました。大丈夫かと声をかけて助け起こし、顔を見ると幸いアザができるようなことはありませんでしたが、油断大敵です。これ以上安全な稽古方法はないと思うような方法でも、事故が起きる可能性があるのだと反省させられました。実際、昔の早稲田の学生稽古中に相手に顔面を突かれて鼻が曲がったという学生もいるそうです。

師範「受けが左半身から右足（後ろ足）を出しながら右手で突いてくる。取りは左半身。受けの外側に入り身したい。この場合について、取りが後ろ足から半身を切り替えて前に出るのは危ないよ。相手の突きの線を一瞬またぐから。その場合、相手がくる前に半身を切り替えておく。」

一　突きがくる前に、すでに後ろ足を前進、相手の側面に出て移動している。
二　相手の突きがくる前に、その場で腰をひねり半身を切り替え、歩み足で前進する。

剣と剣の間合いで、受けと取りが大きく離れている場合であれば、取りが後ろ足を前に

体捌きでかわす場合
中段突きを外側に捌いてかわします。肘から指先までの広い範囲で相手の突きをかわします。内側に捌くと、相手の突いてくる手と反対の手で反撃されるので、瞬間的に当て身を入れていることがポイントです。

出すこともありますが、徒手や短刀取りの近い間合いで一瞬でも相手の攻撃線をまたぐのは大変危険です。

十．中段突四方投

師範「バーンと入って（入り身と当て身）、パッと入る（四方投各種）。」

一　突きを内側にかわして、四方投表に入ります。
二　突きを外側にかわして当て身を入れます。そこから四方投裏に入ります。
三　左右入れ替えて二と同じ動き。突きの取り方がはっきり見えます。

受け、突く側の基本

侍の突きは、本来は短刀で突くのが基本です。刃を上にして短刀を持ち下からグッと振り突く。短刀を腰に引き上げてから前に突くと、切っ先がプルプルとぶれる。この短刀で下から振り突きする方法は万国共通とのことで、昔であれば、侍相手に素手の拳で突いたらあっという間に腕を刀で斬られてしまいます、とのことです。

相手の突きの線上にいないこと

半身に構えて、相手のお腹側、つまり前面。これを便宜上、内側と称します。その反対に半身に構えた背中側、これを外側と称します。道場内での言葉の約束です。

反対の手で攻撃されないように、相手の外側に出る方が安全です。また内側は相手の力が強く及ぶため、内側になるべくとどまらないのが原則です。しかしながら、外側にもう一人の相手がいる場合など、様々な状況に対応する必要があります。あまり理屈をこねくり回さないほうがいいです。

相手の内側に捌いた場合、もしくは相手の外側に捌いた場合、どちらに捌いた場合でも四方投に入る稽古をします。

十一・肩取面打四方投

師範「バーッと（当て身）肩取面打。頭をバーッとくぐり抜けて（四方投表）。大先生は針の穴をくぐるような気持ちでやれ、とおっしゃった（当て身）。ここでバーッと（四方投裏）。」

肩取面打。肩を持たせた手で、相手の面に当て身を入れます。反対の手でみぞおちの急所に当て身が入ります。地を這うように体勢を低くして、自分の額を受けの手首につけて、針の穴をくぐるような気持ちで、四方投表、もしくは四方投裏に入ってゆきます。

コラム ― 技の気づき

話が少し違いますが、針の穴という話で師範が「気づき」に関する説明をしてくださったことがあります。

師範「壁に針で小さな穴を開ける。そうするとやがて壁に穴が開き、向こうからかすかな光が差し込んできます。そうしたらしめたものです。その穴をさらにについて穴を広げます。明るい光が差し込んできます。」

なにげなく師範の教えを聞いていて、ある日自分自身が、はたと真実に気づく瞬間があります。頭の上にランプが灯る瞬間です。ああ、師範のおっしゃっていたことはこのことか。それまで何回も同じ話を聞いていたのに気づかなかった。今やっと分かった、と。

「先生の話が分かりました！」と喜んで師範に報告しにいった人がいました。ところが、そうすると師範はちょっとがっかりした顔をなさり、「何年も前から同じことを言っているじゃないか。」となるのです。

このエピソードから発展的に類推して、さらに未来に思考を巡らせると、実は自分自身が師範の話を聞いていても、まだ分かっていない、もしくは自分が理解していない、体得していない「何か」が山ほどあるに違いないと気づきました。

まだ分かっていないもの＝関数（x）とすると、未知なる関数（x）はいったい何個ぐらいあるのでしょうか。また、どうすればまだ理解できない関数（x）を発見することができるのでしょうか？　モナリザの微笑みのように、永遠の謎なのでしょうか？　未知なる関数（x）の発見のため、師範の話をよく聞くのはもちろんのことです。しかし聞いているだけでその関数（x）が分かれば苦労しません。

話をよく聞くのに加え、普段の稽古で、師範の教えを一つひとつ自分自身でかなりオーバーに拡大し、拡張して再現してみることにしました。

師範が「手を大きく動かして。」と言えば、これ以上できないぐらい、ものすごく大きく手を動かします。「手のひらを畳につけて。」と言えば手のひらのみならず、手首や肘までべたっと畳につけてみます。「通り抜けるように。」と言われれば、本当に道場の端まで通り抜けるように体を動かします。「百八〇度以上転換して。」と言われれば、さらにもう一五度多めに角度を足して転換してみる。そうすると自分でも信じられないくらい、ガクッと相手が崩れて飛んでいく。そういう現象が度々発生しました。

そうしていると、師範の説明にあった通り、ある日突然目の前にあった大きく分厚い壁に小さな穴が開き、向こうからわずかな光が薄らと差し込んできます。こうなればしめたものです。小さな光を頼りに、その小さな光の穴をつついて、壁の穴をどんどん広げてゆくのです。頭の上にランプが灯るのも、もうじきです。

関数（x）を発見したときの嬉しさは、天にも昇る気持ちです。師範の教えが、自分の心の琴線に触れた瞬間の喜びは、合気道の稽古をやらない人にはちょっとわからないものだと思います。

師範の教えは、自分にとって沢山の未知なる教えを含んでいて、自分ではまだ理解できない山ほどの事象を包含しています。教えは、はじめから終わりまで全て繋がっています。ゆえに、弟子は師範の教えを忠実に守りこそすれ、ゆめゆめ自分の一知半解の未熟な経験でこれを勝手に変更してしまうことのないよう注意が必要です。あれこれ質問ばかり頭で考えていても技は上手くならないのです。

十二．胸取四方投

師範「パッと(当て身)、あるいはみぞおちを突いて。右の耳からパッとこう入る(四方投表)。パッと、右の耳からパッと（四方投裏)。」

稽古の方便として、耳を使います。それこそ後ろ側を見るくらい頭を回転させて自分の耳を相手の手につけて、四方投に入ります。

胸取りは、背骨と相手に持たせている胸の箇所と距離が短いという特徴があります。腰の回転を掛けても、距離が短いという物理的制約があります。この距離の差が肩取りと違う点です。

「稽古の方便だよ」という師範の説明が度々登場します。

合気道のダイナミックな動きをマスターするために、相手は目の前にいるかもしれないが、方便として後ろを見る。そうすると体全体にダイナミックな回転の動きが生じて、相手が線に巻き込まれて崩れてゆく。そういう感覚を会得するための「稽古の方便だよ」となるのです。

十三、後技両手取四方投

師範「パッ、サーッと入りながら（四方投各種）。」

相手に、自分の手を後ろから持たせる。持たせ方にコツがあります。両手の手のひらを上に向けて、相手に持たせます。そうすると、相手の手が自動的に自分の手のひらの中に吸い込まれるように入ってきます。

手のひらを上に向けて、相手に持たせる。こうしてから、お腹の前で刀を振りかぶるように手を上げる。相手の手が自然と巻き込まれるようについてきます。

逆半身片手取の説明で、この手のひらを上にする、相手とぶつからないようにする手首の動きを解説されたこともありました。

「両手を一緒に動かします。」

そして振りかぶった後は、刀を斬り下げるように両手を下げる。両手を同時に動かし体のリズムがでるように稽古をしてゆきます。

自分の手のひらに相手の手がスポッと入ってくる。手のひらを上にして相手に持たせることを最初から行っているため、このように自動的に相手が巻き込まれて崩れてゆくという現象が発生します。右手のひらと左足の裏、左手のひらと右足の裏、この四つの動きを

後ろ技
手のひらを上にして持たせた場合、体の前で丸く振りかぶります。

お腹の前で手のひらを上にして組み合わせる。そして手の甲を外側にして振りかぶる。

後ろ両手取りで相手に持たせる場合、手のひらを上にして持たせます。

指先から、手のひらから、腕全体を丸くして上に上げてゆきます。

反対の場合、お腹の前で手の甲を上にして組み合わせ、手のひらを外側にして振りかぶります。

相手の親指一本が極まる厳しい技となります。現在はこのやり方はあまり行いません。

後ろ両手取りで手の甲を上にして相手に持たせます。

相手の親指一本が極まります。現在は手のひらを上にしてスムーズに上げることが多くなりましたが、両方のやり方を練習してみてください。

合わせるのがコツです。

ちなみに初心者で、手をあげるときに、体の真横から上げようとする人がいます。相手の力が弱ければそれでも上がるでしょう。しかし相手と力の差があると横からでは中々上がりません。基本としては、両手一緒に体の前で刀を振りかぶるように上げ、体の前で切り下ろす。自分の体の前にある中心線に沿って稽古をしてください。

また、昔はこのような上げ方を多用したらしいのですが、手のひらを下にして相手に持たせる。つまり手のひらを外向きにして振りかぶることになり、相手の親指一本だけが厳しく極まります。女性会員相手で行う場合、手首や指自体が柔らかく、指に思わぬ怪我をさせないよう注意が必要です。

手のひらを上にして持たせた方が引っかかりもなく流れるように技が進みます。現在では手のひらを上にして持たせることが主流です。

後ろ技はなるべく相手の内側でうろうろしないのが原則です。ひと動作で相手の外側に出ます。自分から先に相手の前でくるりと回転して相手に後ろ両手を取らせる、場を主宰する稽古を行います。

後ろ技について

後ろ技に入るために、受けと取りで多くの方法があります。基本的な考え方は次の三つです。

一　自分が止まっていて、相手が後ろから自分の両手を取る。
二　相手が前からきて自分の後ろに回り込み後ろを取る。
三　相手の前で自分からくるりと回転し、相手に後ろ両手を持たせる。

一番目は原型です。鍛錬として相手にがっちり持たせて技を練り上げるときに有効です。学生時代は二番目の方法で稽古をしていました。先輩から「敵に後ろを見せるな」と注意をされたことを覚えています。現在道場では、三番目の自分からくるりと回転する「場を主宰する稽古方法」を行っています。

後ろ技の抜け方

後ろに相手と平行に抜ける（基本動作）では、取りは受けの前で「自分からくるりと回転し」、相手に後ろ両手を持たせます。場を主宰する稽古です。受けに後ろ両手を持たせ、それから外側の足、内側の足を引き、十分に足捌きを行い、相手の後ろに平行に抜けます。

この場合、体の角度を左右にぶらすことなく真後ろに、つまり相手に対し平行に抜けてゆきます。自分のおへその向きは前を向いたままです。

足の回転を入れる四つの方法では、正面にいる受けに、取りが正面から切ってゆく。受けがその手をつかみ、さらに取りの後ろに回り込んでくる。

一　相手が最初の手を取りに来た瞬間、最初の手側に抜けてゆく。（一番早い）

二　受けが最初の手を取り、後ろの手を取る。受けが後ろの手を取るやいなや後ろの手の側に体捌きして抜けてゆく。

三　最初の手を取りに来たところを導き、受けを大きく流し出す。

四　相手が最初の手を取り、次に後ろの手を取りに来るまで相手が回り込んでくるのを充分待ってから、後ろの手を持たせて前に流し出す。

武道的には一番目が最も早く、かつ安全な方法です。

同じ動きを、今度は足の動きで説明します。右半身、相半身で右手を出して相手に取らせる。

一　相手に持たせた瞬間、右足を軸に転換して相手の外側に抜ける。これが一番早い動きです。

後ろ技の基本は、相手と平行に真っ直ぐ後ろに下がります。手を振りかぶると同時に外側の足を引いて内側の足を引きます。

二　相手に右手を持たせ相手が後ろに回り込み、左手をつかむ。つかませた左手の外側に抜ける。足の動きは左足を軸にした転換となります。

三　相手に右手をつかませる。左足を軸に右足を前側に進めて相手を流し込むように転換しながら相手の外側に抜けます。

四　相手に右手を取らせ、さらに相手は後ろに回り込み、十分回らせて左手を取らせる。相手が回り込んで進んでくる方向に逆らわず、左手をさらに前に導き出すと相手はさらに回ってゆく。その流れを止めずに外側に出る。左手をつかませてから右足を軸に左足を出してゆく回転動作となり外側に抜けます。

一番と四番を比べると四番は最もギアを落とした動きで相手の内側にいる時間もかかり、武道的には余り上等ではありません。ですが、時の流れの制御、機をつかむ稽古として気の流れを重視し、安定した体の動きを練るための稽古の方便です。

このほかに、体を右もしくは左回りに少し回転させて、相手の腰に密着する方法や、尻で体当たりして当て身を入れる方法、足の間から後ろの受けの足を取って倒すなど色々な方法がありますが、後ろ技の基本は平行に抜けることです。

足を回転させる四種類の方法は大変分かりやすく動きやすいので、たとえば昇段審査では皆、この動きばかりとなってしまう。一番やりにくい後ろに平行に抜ける動作を基本として数多く稽古します。

十四．後技両肩取四方投

師範「（四方投表）こう入っていく。ヴューッて、（腰の脇差しを）引き抜いてパッとやったり（当て身）。ここの手のところ右耳から入っていく。パァ（四方投表）、（相手を投げる際に）手をつくように。つかないと一緒に転んで顔を打つといけない。バーッとこのまま入る（肘当て）。で、足をバッと踏みつける（かかとで相手の足の甲に当て身）。で、この耳から入っていく（四方投裏）。」

師範の説明で、後ろの相手に当て身する方法がいくつかあります。そのうちの三つです。

一　脇差しを抜いて後ろの相手に振り向きもせず突き立てる方法。
二　相手の足の甲を自分のかかとでどんと踏みつける方法（前足、後ろ足）。
三　肘鉄砲の要領で相手のみぞおちに肘打ちを入れる方法。

ともかくまず当て身。相手がうっと気を失いかけたところを四方投で投げるのが、本来の用法です。相手は当て身で気絶しないまでも隙ができているのですから、自分が投げる際に返し技をかけてくる気づかいは軽減されます。当て身はタイミングが重要です。遅くても、早すぎてもいけません。機をとらえる稽古となります。

ちなみに太刀取りも当て身を入れて、相手がくらっとして反撃できない瞬間に太刀を取るわけです。相手が全力でしがみついている太刀を無理やり取るのではありません。

後ろ技は、掛かってゆく方があぶないので、よけいに注意しろと教わりました。また、他の道場に出稽古に行く際は、当て身に要注意です。本当に力一杯かかとで足を踏みつける。相手に本当に当て身を入れ合うことを基本としている他の道場がある。足など壊されてしまっては大変です。油断も隙もありません。

ちなみに後ろ技でかかってくる相手の足の甲を瞬間的にかかとで踏みつける当て身は、かなりの回数の稽古が必要です。前足で当て身をするにしろ、後ろ足で当て身をするにしろ、いちいち相手の足を見てから当て身をするのではなく、目をつぶっていても自動的に当たっているぐらいに練習をしないと命中しません。技を知っているだけでは相手の足を踏みつけることはできず、とっさの時に役に立ちません。師範の動作を何回も見ていて気づきましたが、前足で受けの前足を踏む。後ろ足で受けの後ろ足を踏む。前足で受けの後ろ足を踏むなどいろいろなバリエーションがあります。

十五．後技両肘取四方投

肘を取らせ、両腕を丸く大きな鉄の輪のようにイメージして回転し四方投で投げます。両手で大きな輪をつくり、さらに手首から肘をグッと返して（親指が下になる）、相手のつかんだ腕伝いに相手を崩して導きます。

日頃から両腕を丸くして呼吸を通す稽古をします。両腕を丸くして、大きな輪の中を光の球が高速でぐるぐる回るイメージを描いて練習します。一種の連想業の訓練です。連想業とは技の流れゆく感じを、自分の額の内側のスクリーンに自分の心の中で写し出して稽古をする方法です。瞼の裏側に描く場合もあります。

両手を連携させて、四方投を行います。最後にお辞儀をするように両手で顔を打たないように手をつきますので、後ろで相手が肘をつかんでいるのですが、左右の手が見えない糸で繋がっているように動いてゆきます。または、両手で見えない透明な剣を持っていると仮定して動く方法もあります。

両手で丸く輪をつくる。この丸い腕は基本動作の一つで合気道稽古によくでてきます。前回り受け身の腕もこの丸い輪の応用ですし、後技両肘取も丸い輪を応用しています。

上半身の動きに意識がとらわれがちですが、足を意識して、四方投のステップ（足捌き）をスイスイやっていると思えばスムーズに技を行うことができます。

十六．半身半立片手取相半身四方投

正座した状態からすっと相手に片手を出し、相半身に持たせます。手のひらを返して相手を螺旋に崩し、額の前で相手の手首をキープしながら表に入り回転して投げます。

裏に転換する際は、足を踏み出し転換する軸足を立てて足裏の拇指根の一点を軸とし、裏に大きく転換し、残る片膝をつきます。それから一八〇度回転し投げます。

十七．半身半立両手取四方投

正座した状態から自分から手を出し、相手に両手を持たせて立ち上がって投げます。両手取四方投では、回転している最中に返し技を掛けられて後ろにひっくり返されないよう注意します。返し技も色々ありますが、簡単なところで、取りが回転している最中に受けが腕をぐっと曲げると取りが反対にひっくり返されてしまう、というものがあります。

額の前で相手の手首をキープするのはもちろん、表技では足を踏み込みすぎず、軸足を浅めに踏み込み、ピタッと軸を決めて回転します。裏技では軸足を半立ちにしてから、思い切り足を転換させ立ち上がって四方投で投げます。

この場合、裏技は膝を軸にして回転しているわけではありません。裏技で座ったまま膝を軸に回転すると相手の体とぶつかり、回転が不十分になる恐れがあります。

半身半立四方投裏

半身半立四方投裏では、膝を立てて親指の付け根（拇指根）を中心に転換します。前膝を畳に付けたまま膝を軸にして回ろうとすると、裏の場合には相手の前足にぶつかってうまく回転できません。このため、前膝を立てて技を行います。

半立ちにした足の拇趾根を軸にして、後ろ足を大きく回して転換します。膝を軸に回転しているのではありません。

足の拇指根を針のように刺して回転する。かかとで回るのではありません。入る際に、足の向きが真っ直ぐであること。足の向きが斜めになっていると相手の線をまたぐようになる。転換する際注意します。

半身半立の四方投でも、自分の足の親指を見ます。すると、頭が水平になります。透明な刀をイメージし、投げる際に腕は真っ直ぐ伸ばし、刀をスパッと切ります。遠心力が生まれ、全身が丸く球のように回転するイメージを持つよう稽古をします。

コラム ― 半身半立の稽古

座り技の稽古は、足腰を鍛え、立ち技の三倍効果があるという説明をよく受けました。半身半立ちの稽古は、背の高い人を相手にした練習にも直結します。外国で合気道を稽古する際、身長二メートルぐらいある人と稽古する場合があります。

国内で日本人同士で稽古する場合、それほどの体格差は感じないという人が多いと思いますが、世界中で稽古すると、日本人からすれば規格外の巨大な体型の人や、信じられないほど腕の力が強い人、ぐにゃぐにゃに体が柔らかい人などさまざまな人達が大勢稽古しています。日頃から半身半立技、座り技を充分に鍛錬している合気道であったればこそ、世界中の人との身長差や体格差におくれを取ることなく海外に広まっていった一要因ではないかと考えています。

四方投返し技の一例
取りが投げようとして回転するときに、受けが取りを後ろにひっくり返します。取りは、この返し技を掛けられないよう、回るときは受けの手首を常に自分の額の前にキープします。

四方投で取りは受けの手首を自分の額につけたまま回転します。
返し技を掛けられないように、四方投は額の前で受けの手を保持します。相手の手首をおでこにつけて回れ、と教わりました。

返し技

返し技を教わると面白いように相手の技の流れを自分の技の流れに吸収してしまうことができます。またタイミングを切り替える練習にもなり、とても魅力的です。

しかしながら、返し技は普段の稽古ではあまり練習しません。理由があります。返し技ばかり気にすると不必要に緊張したり、萎縮してしまい、のびのびとした技の動きや、線を出す線感、リズムなどが崩れてしまう恐れがあります。常に返し技があるという武道としての基本的な心構えや、返し技の取り方の知識は大切ですが、返し技ばかり稽古してもあまり本質的な技の上達は望めません。

たとえば坪井威樹先生（第六代）の学生指導で、返し技は四年間に一度だけしか稽古しません。これから幹部になる学生向けに春の新幹部合宿でのみ行っていました。

コラム ― 一子相伝の武道と大学サークルの稽古方法

新入生歓迎会で、師範から伝統的な武道の稽古方法とは何か、という説明がありました。

師範「昔から武道は一子相伝といって、一人の師匠から一人の弟子に、コップ一杯の水が次のコップに引き継がれるように受け継がれてゆくものである。大学のクラブの良いところは、会員同士が切磋琢磨し、お互いのコップに水をかけあうようにしてある点である。」

もともと武道の教授形態は、個人教授が主でした。師範が植芝道場（旧本部道場）に入門した頃、ほんの「数人」で稽古をしていたそうです。それも二、三人とか四、五人とのこと。四十人、五十人をいっぺんに教えるような集団教授方式は、本来の武道の伝統的な教授体系にはなかったものだそうです。

しかも昔の時代の稽古は人に見られないように締め切った部屋の中で秘密裏に行われるのが常でした。ちなみに話は変わりますが、早稲田大学の旧体育館武道場は、そのような過去のある意味閉鎖的な空間からの脱却を行うべく、大きな開かれた門と、見学者が入れるスペースを取り入れた明るく開放的でモダンな建築物でした。


この新入生歓迎会では、師範は「武道をやるものは決して人の武道を批判してはいけない。」と戒めて、スピーチを締めくくってくださいました。

師範の次に、当時早稲田大学政治経済学部学部長の小松雅雄会長が新入生歓迎のスピーチをしてくださいました。当時のコンパでは、一年生は、二年生の話を聞く時からすべて畳の上で正座して聞き入りました。長時間の正座で足はしびれますが、先輩方の話は心に残りました。全員が正座する中で小松先生が暖かな雰囲気でゆっくり立ち上がりました。

「ものごとには本流と亜流がある。亜流ではダメである。合気道は植芝先生が本流である。

君たちは本流の合気道に入門したのだ。」

師範がたった今人の批判をしてはいけないという話をされた直後なのにと心の中で思いながら、新入生の私はただただ小松先生のあまりの迫力に魅了されていました。このとき初めて小松先生にお会いしました。大学四年間、薫陶を受けた恩師との出会いでした。

早稲田大学合気道会　小松雅雄会長

四方投の応用

四方投をマスターすると武器取りや多人数掛けに幅広く応用することが可能です。月窓寺道場で両手両手取四方投と同じ動きで、相手に自分の人差し指を持たせて稽古したこともありました。

四方投は剣の動きであり、徒手であれば指先が鋭敏な剣先となり、剣を持たせれば剣先に力が集中するように使う。相手に手首を持たせれば相手の腕の先より遠い相手の背中に剣先がくる。普通の刀の二倍ぐらいの長さの見えない刀を持っているように動く。目線の切り替えも重要だと説明がありました。

四方投裏の太刀取りを紹介します。

四方投裏の太刀取りへの応用
左半身から左足を前進させ入身。相手の攻撃の線から外に出ます。左手で脇腹へ当て身。

基本として、取りは外側に移動して受けの振り下ろす太刀の線上から安全に身をかわします。受けは太刀を水平まで切り下ろします。取りは入り身し、側面から受け手の切り下ろした両手の間に上から手を入れ、柄をつかみます。相手の右手にこちらの左手を肘に掛けて螺旋に崩す補助の手を入れてもかまいません。

四方投裏、転換します。転換して後ろに飛ばした足の拇趾根の一点を畳に錐で刺すようにし一気に腰を回転させます。安全のため切先の軌道に注意を払います。

四方投で太刀を奪います。
師範「武器技の一番の注意点。太刀で自分を傷つけないようにします。」真剣での演武を嫌います。つまずいて刃が自分に刺さってはいけないとも説明を受けました。

稽古の心がまえ

安全に丁寧に稽古することが大切です。

合気道は、古流柔術の技をそのまま行っているわけではありません。一秒でも早く相手を倒す、破壊の技ではありません。目的が違うのです。日本古来の伝統武術を元に発展していますが、相手の破壊を目的にして、稽古をしているのではありません。

逆にいえば、合気道の技は安全面に相当な注意が払われているという特徴があります。投げる側が受けの安全に充分注意しながら、それでいて最大の勢いで技を行えるよう配慮されています。ですので、合気道は投げのみならず、受けを取る弟子の方も、いたずらに怪我をすることもなく、腕や体が丈夫になり、みな逞しく成長してゆける武道であるといえます。

スキのない稽古

師範が常々「スキのない稽古をするように」と我々に語ってくださいますが、これは元々大先生が門人にそう注意されていたとのこと。具体的にどうすればいいかは自分で考えないといけないのですが、稽古の心がまえとして肝に銘じておきたいことです。

考える稽古と感じる稽古

道場では、感じる稽古を主として行います。道場の稽古ではあれこれ考えません。気の錬磨も、感じる稽古を中心として行います。

気の錬磨のひとつに、「気の感応」という、後ろから前の人に右か左などの方向を送る訓練がありますが、前の人はこれを全身で感じる。決して頭で考えて、右かな左かなと推測しているのではありません。

「初心のうちに身につけたる悪しき癖は直りがたし。」

柳生十兵衛の言葉ともいわれています。

稽古中、頭の中で疑問ばかり考えたり、あれこれと理屈を考え、質問ばかりしている人はあまり上達しない。

また、人と争う心で、なんとか相手を崩してやろうと考え、相手の腕を無理矢理引っ張ったり、今ここでなんとか技を掛けてやろうと思い、無理にでも相手を倒してやろうなどという了見で稽古をすれば、自分の動作がガタガタになります。まるで壊れたピアノを無理矢理弾くような不快な音楽しか生まれません。初心のうちにこのような執着の心掛けが頭にこびりついてしまったらダメです。直すのは容易なことではありません。

相手を投げる。投げるのですが、投げようと考えて、投げるのではなく、投げようという念を生じさせないで自然に投げている。普通の稽古も自然な気持ちで行うのです。

相手の高速な突きが顔面にとんでくる。これをよけてやろう、かわしてやろうと、考えない。微妙な心の稽古をしているわけですから、先輩は、初心者の顔面にいきなり突きを入れたり、初心者の腕をがっちりと動けないように持って怖がらせたり、萎縮させたりしないようにしてください。初心者に悪しき癖をつけないようにすることが大切です。

では何も考えなければいいのかというと、それも違います。稽古について、家で考えることが必要なときは真剣に考えます。なんでもかんでも考えるなといっているわけではありません。

間違って覚えた動作の自己修正方法

初心者でもベテランの方でも間違った動きはしない方がいいと誰でも納得すると思いますが、うっかり間違って覚えてしまった自分自身の問題点はどう修正するのでしょうか? 先に書いたように、初心のうちに身につけたる悪しき癖は直りがたし、という教えがあります。

微修正であれば、観念要素の更改という方法があります。まず自分の動きが何か変だなという感じをたよりに、連想業で過去に遡り、どうして間違った動きになってしまったか、問題点まで掘り下げます。そこまでたどり着いたら、今度はその間違った教えがなかった、つまり観念要素の更改を行い、自分の動作を改善し修正します。映画のフィルムを巻きもどして悪い箇所を切ってきれいに編集するイメージです。

私の場合、前にも書きましたが、学生時代、相手にがっちり腕を持たせて、それを自分の全身をこわばらせてカチコチな状態で投げるという蒸気機関車のような合気道をしていました。下手でした。同期の慶応大学の学生が演武するような、ぽんぽんはねる華麗な演武が、どちらかというと苦手な感じがしていました。

ちょっと変だな、と気づいたのは大学を卒業してだいぶたってからのことです。連想業の結果、学生時代に読んだ合気道の本に、がっちり持たれても相手を投げるのが技だ、という記載があることを思い出しました。当時、この考えにしびれ、これぞ武道の奥義だと信じて、がっちりもたせる「鍛錬」を好んでしていました。

そしてあるとき悟りました。プロの合気道家は毎日八時間ぐらい、朝から晩まで稽古をしている。がっちり持たせようが、気の流れで丸く稽古しようがどちらでも問題ないのだ。自分のように週数時間の社会人稽古のなかで、がっちり持たせると、自分の体が緊張して萎縮してしまうのも無理はない、と気づきました。自分の欠点とその理屈は分かったのですが、この欠点の修正には二十年以上の歳月が必要でした。

畳について

普段とは違う場所に稽古に行くとき、畳の種類によっては、足捌きに注意が必要です。ビニールの畳で、足が畳に沈んで、足の裏がめり込むようなタイプのときは、要注意です。転換動作をするとき、膝をねじってしまい怪我をしないように注意してください。

たとえば、月窓寺道場の畳は、上質で丈夫な帆布の表面と、底部に振動吸収用のゴムを敷いた特製の畳を使用しています。稽古後には、皆で箒を持ってほこりを払い、きれいに掃除をします。上質の畳の感触があったればこそ、きめ細かな足捌きの稽古が可能となります。

ちなみに、旧本部道場の畳は、琉球畳に糸を刺したものを使用していたそうです。琉球畳の表面は、縦の目と横の目で足の滑り具合が全く違うので、目を利用してピタッと止めるときと、スーッと足を滑るように投げるときの二つの方法が稽古できたそうです。足捌きの練習や、足にたこができるほどの坐り技の練習で、畳はすぐにぼろぼろになってしまったとか。大先生の旧本部道場の演武風景にも、猛稽古ですり切れた畳の様子が映像として残っています。

神戸にある内田樹師範の道場（多田塾甲南合気道道場）は琉球畳を使用しています。つるつる滑る感触と、ピタッと止まる感触の二種類が味わえて、なるほどこれが旧本部道場の畳の感触なんだなと実感しました。呼吸投で勢いよく投げられると、受け身を取りながら背中がするすると滑る感触が堪能できます。柔道の技も、多くの体育館でゴムの畳を使用するようになってから、足捌きから技の掛け方も変わったという話もあります。

畳の感触は大事です。合気道の投げは、足を前進させながら剣で切るように投げる動作を多用します。足捌きの際の畳の滑り具合が良くない場合、たとえば足がガクッと急停止するような畳などは、足首やアキレス腱、膝に大きな負担がかかる場合があります。出稽古にでかけて見知らぬ道場で合気道を行う場合は畳の滑り具合に注意してください。

昔話ですが、大学時代に先輩に頼まれ、本門寺のそばにあるスポーツセンターに子どもクラスの指導に行きました。そこの道場は、事故で床が抜け陥没していて、道場の真ん中が蟻地獄のすり鉢状の巣のように畳が大きくへこんでいたのです。これにはびっくりしましたが、地元の子ども達は元気よく稽古をしていました。

畳の状態は、季節、気温や湿度で大きく変化します。雨の日にはなんとなく畳が粘っこく感じられた経験は、だれしも持っているのではないでしょうか。師範から、雨の日の稽古は普段と違うので注意するようにと言われたことがあります。そう言われてみれば、確かに雨の日は、畳の滑り具合から人間の気分、お互いの動作まで微妙に違うのが分かりました。

初めての稽古場では、まず畳の状態を充分に観察してください。

一人稽古について

大体の道場では稽古時間との兼ね合いで、準備運動からすぐ技に入り、いくつかの技を反復練習して、坐技呼吸法、終末運動で終わることが多いものです。呼吸法や足捌きなどを稽古時間内に取り入れて、すべてやっていくと実際に稽古時間が何時間あっても足りません。

師範が主宰する稽古会では、本来は自分の一人稽古とでもいうべき、足捌き、体捌き、呼吸法、気の錬磨、勘の訓練を稽古時間内に組み込み、さらに多くのことを学ぶことができます。練り棒鍛錬、剣杖など多くの一人稽古法を教えていただきました。

例えば山岡鉄舟先生が座禅をして悟りを開いたように、合気道が上手くなりたいと思ったら、道場稽古以外に自分の稽古時間をしっかりとり、工夫することが大切です。

腕を鍛える方法

師範「両手を体の前で丸く合わせる。呼吸法。手のひらを下に向け、腕の外側に刃があると想像する。刀身を刀鍛冶が鍛える。合気道の場合、腕を鍛えて、これに刃を付ける。刃は、神経系統の訓練を意味している。腕を体の前に丸く伸ばして合わせる。呼吸法と心像を使う方法で鍛える。呼吸法では、最初に、有声時に生じる声の振動を利用して体感を得る。次に、金色の光などの心像を描きイメージを利用した方法に移る。中丹田（みぞおちの奥）に宇宙のエネルギーを取り込み、それが金色の球となり腕の中を高速で移動している。そういったイメージを描く。」

道場での稽古と自分自身の一人稽古、稽古にはこの二つがあります。師範は一人稽古の重要性を強調されています。当たり前の話ですが、合気道の道場ではふつう二人で組んで技を稽古します。ところが自分が一人になって、一人稽古なるものをいかにすればよいかを教えてくれる人は少ないです。幸い月窓寺道場では稽古時間中に一人稽古の方法を教わりました。呼吸法をやってから、師範が「あとは家でやる」というのが常でした。

練り棒のこと

大学を卒業してだいぶ経った頃、師範が本部道場で門下生に対する講習会を定期的に開いてくださいました。師範の話は専門家の話なので、一般の稽古生にはうかがい知れない領域の話が多数出てきます。

その一つが、「あまり基本技ばかりやっていると、泉の栓に蓋をするみたいに応用技が出てこなくなる」という話です。このためか、師範の講習会では、徒手の応用変化技から太刀取り、杖取り、多人数掛けまで、実に多彩な技を教えていただきました。四十年から五十年も合気道を続けている先輩が、「今の技は初めて見た。」という応用技のオンパレードとなりました。

この講習会の初期の頃に、一人稽古用にということで「練り棒」の紹介がありました。練り棒は師範が付けた名称なので、他の先生のところにいっても通じないとのことでした。

練り棒
枕元に置いておき、朝起きたらすぐに練習します。長さ40センチ 直径4.5センチの丸い木の棒です。使い終わったら絹の布でみがきます。

練り棒は、写真を見れば分かる通り、片手で握れる丸い棒です。この練り棒で一人稽古を行います。最初に教わったのが一教の練習方法です。練り棒を逆手に持って一教表　右手の稽古、左手の稽古、二教、練り棒を自分の肩に当ててそれを取る、肩取りの練習など。

一技一万回稽古

師範「専門家だったら、一技十万回の練習をする。十万回ぐらい、すぐできるよ。普通の人でも『一技一万回稽古』をする。そうすると上達する。」

道場内で、誰かしら稽古相手をつかまえて、二教や三教を掛けさせてもらう。これを百回以上やらせてもらうと相手はみんな痛さのあまり逃げてしまいます。自分ばかり技を掛けさせてもらっていると道場の友達をなくします。その点、練り棒は文句をいいません。自分が心ゆくまで何回も何回も技を練ることができます。

十万回を目指して回数を行うだけではありません。一人静かな部屋で、日頃疑問に思っている技の細かな動作を、練り棒を使ってゆっくりと一人練習することができます。たとえば、四方投で自分の体勢を低くして、相手の脈部（練り棒を相手の手に見立てる）に自分の額を付ける動作を何回も行う。どうやってリズムをとって体勢を低くするか、もっと体勢を低くできないか、相手の視角から消えるにはどうするか、自分の足の向きはどうかなど、様々な動作確認を自分で胸落ちするまで何回も行うことができます。木剣でも同じような練習が可能ですが、練り棒は天井の低い室内での練習に向いています。練り棒を振り回しても、天井の蛍光灯や照明器具を壊す心配はあまりありません。

師範「ピアノやバイオリンの練習と同じだよ。毎日やらないといけない。」

丁寧に技を磨いて、動きに独特な線が出てきたら、今度はそれを自分の体に練り込む数稽古を行います。人間の体は不思議なもので、稽古をさぼるとすぐに動きにガタが出てきます。一回教われば一生できること、たとえば「正面に礼」を行う。これは、一回教われば一生できます。ところが、細かな手首の動きや、組杖、組太刀など、すこしでも稽古を怠るとてきめんに自分の動作が劣化します。このことは注意しなければいけません。

二教の手首を取る場面、その場面だけを切り出して慎重に、ゆっくりと、心ゆくまで丁寧に行ってみる。自分自身でこれだと納得できたら今度は何百回も連続して体に練り込むように稽古する。練り棒は、このようにいかような使い方もできます。

たとえば、二教表で、親指を引っ掛けて手首を取る、もしくは反対に手のひらを回して二教表を取る。二教裏の手首を取る動作を集中して行う。

このほかにも、三教、四教、五教、入身投、四方投、小手返など、応用は無限です。

朝稽古の習慣

師範「朝、布団から起きると、練り棒が自分の枕元に置いてある。朝起きたらすぐ練り棒で一人稽古をする。自分の生活の時間に組み込むこと。習慣づける。やろうと思ってから時間を探して稽古しようと思ってもなかなかうまくいかない。」

練り棒を毎朝行うと、手のひらの感覚が鋭敏になります。徒手の技が多い合気道では特に効果てきめんです。学生にしろ、会社員にしろ、家事に忙しい主婦にしても、毎日道場に行きたくても時間的に難しい人が多いと思います。

道場に毎日は通えない人でも、この練り棒の一人稽古を行うことで格段に技を向上させることが可能です。道場に行ったときの手のひらのピタッとした吸いつき具合が良くなります。忙しい人にとっても練り棒は打ってつけの稽古道具です。

月窓寺道場で作った練り棒は、直径四十、四十五、五十、五十五、六十ミリと五種類ほど太さがありました。最初は太い練り棒を愛用していましたが、段々と細い方が自分に合っていることが分かり、四十五ミリの太さのものを枕元に置いています。

練り棒を数本家の中にちりばめて置いておく。一日の中で気が向いたときにすぐに稽古ができる工夫です。

気の錬磨：五円玉を利用した気の錬磨の稽古
糸で吊り下げた五円玉を自分の心の中で、前後、左右、右回転、左回転するように念じて自在に動かします。イタリアの金細工師はこの動作ができなければ徒弟に雇ってもらえなかったという話です。釣り道具の鉛の錘を師範からいただいたこともありました。

毎日の習慣のことですから、時間ができたら練習しようと思っていても中々長続きさせるのが難しい。月窓寺道場に通う鳥山徳雄君（第二十六代）は毎晩寝る前に五百回稽古しているそうです。彼は酒を飲まないので寝る前でもきちんとできる稽古方法だと考えます。

気の錬磨 ― 錘を使った稽古

気の錬磨の稽古方法は無限とも思える程多くの方法があります。師範は毎年イタリア・ラスペチアで気の錬磨の合宿を開き集中的に稽古しています。今回は、五円玉（釣り道具の錘でも可）を使用する方法を紹介します。

用意するものは五円玉と三〇センチほどの糸で、五円玉の穴に糸を通して結びます。糸の端を指先でつまみ、五円玉をそっと垂らして静止させます。

心の中で、「五円玉が前後に揺れる」と念じます。指先で故意に振り回すのではありません。指先は動かさずそっと持っているだけです。うまく動き出したら次は、「横に揺れる」と念じます。うまくいけば、「止まる」「右回りに回る」「左回りに揺れる」などの動きを稽古します。これができれば、次は二人で手をつないで、相手に持ってもらった五円玉を心の中で念じて動かします。手をつなぐのは、一種の有線放送を行うようなもので、自分の思念が伝わりやすくなります。

五円玉は見えない心の世界を見えるように可視化する道具ということがいえます。

コラム ―「通り抜ける」というイタリア語で分かった師範の教え

師範「通り抜けるように技を行う。」

坪井威樹先生も全く同じ説明をされます。通り抜けるように技を行う。このような多田師範の教えがいまひとつピンと来ず、なんのことか、深い理解ができないでいたときの話です。

大学卒業後、十七年たって、イタリアのミラノに出張して働いており、その際に師範のローマ講習会（税務署関連の体育館で開催）に参加しました。

稽古も終わりに近づいて、最後の坐技呼吸法の説明のときです。師範がイタリア人にイタリア語で「この技は押すのではありません。通り抜けるのです。non spingere. passare.」と説明しています。細川英機先生やミラノから藤本洋二先生、日本から野本純先生、スイスから菅原美喜子師範が参加していました。

このときは、イタリア企業で働いていましたので、私は片言のイタリア語が理解できました。「spingere」はイタリアでドアのノブの標識に書いてある「押す」だな。Non だから「押すのではありません。」と、師範は日本と全く同じ説明をしているな、ということは分かりました。その教えが意味する正確なところまでは理解できたとはいえませんが、「通り抜ける！」というイタリア語の「passare」の説明を聞いてから、自分の技が格段に向上しました。

その後、ローマの講習会からミラノの仕事に戻り、街中をタクシーに乗って移動していたときのことです。夜のミラノの街を疾走するタクシーが、目的地のレストランの前で止まらず、そのままものすごい勢いでお店をはるかに通り過ぎてしまいました。「通り過ぎたよ！　レストランは後ろ、後ろ」とイタリア語でタクシーの運転手に告げると、運転手はいかにもイタリア人らしい身振り手振りで、素直に謝っています。

このとき、Uターンするタクシーの中で、自分の頭の中にピンポン！とランプが灯りました。「押すのではありません。通り抜けるのです」と。お店の前で止まることなく、そのままの勢いでビューッとものすごいスピードで通り抜けたタクシー。このスピード、この感覚。それは相手にとらわれずに合気道の技を行う呼吸に通じるものでした。

外国語だったからかえって頭の中でヒントになったのかもしれません。たとえば、コンピュータの難しい操作を学習するとき、自分の場合マニュアル本を何冊か買い込みます。一冊の本では理解できなかったことが、別の本を読むと、微妙な表現の違いから突然内容を理解できることがあります。外国語の説明には、これと似たような効果がありました。

「通り抜けるように」

という何気ない言葉の教えですが、実は「応無所住《おうむしょじゅう》 而生其心《にしょうごしん》―何物にも執着することなく心をはたらかせよ（『金剛般若経』より）」という無執着の心行に繋がる大切な教えだったのです。

著者　梶浦 真　*Kajiura Makoto*

1961年千葉県生まれ。1976年5月に合気会本部道場入門。1979年早稲田大学法学部入学とともに早稲田大学合気道会に入会し多田宏師範に師事。1983年卒業後、日本電気（株）で半導体事業に従事。その後外資系企業を含む数社に転職し、合気道着を片手に世界各地を訪問する。現在は合気道月窓寺道場（東京都武蔵野市吉祥寺）で稽古中。公益財団法人合気会六段。

合気道稽古ノート **天地**〈四方投編〉

二〇二三年一月二十六日　第一刷発行

著者　梶浦 真
協力　土肥由美子
下田ゆかり
菊地瑞波
編集・デザイン・装丁　北崎事務所
発行人　梶浦 真
発行所　株式会社グリーンキャット
東京都千代田区麹町四ー三ー三 新麹町ビル七階
電話（〇三）六二五六ー八三七七
ファックス（〇三）六二五六ー八三七八
印刷所　三共グラフィック株式会社

Printed in Japan ISBN978-4-904559-17-8